ology

cter

ality

ng

＼自分を好きになる／

数秘術

キャラ占い

Numeroloyn
Character
Personality
telling

日本一のマンガ
数秘占い／カウンセラー
桝元つづり

特製
お守りカード
付き！

はじめに

あなたは、自分の性格で、
「こんなところ、どうしてあるんだろう？」
「自分のこんなところ、嫌いだな〜」
と悩むところがありますか？

たとえば、繊細で気がつきすぎる、飽きっぽい、イライラしがちなど。これらを直そうと頑張ってきたけれど、改善できずに落ち込んだこともあると思います。

けれども、「その悩んでしまうところは、直そうとする必要はありません！」と言われたら、どうでしょうか？

なぜなら、「こんな性格嫌だな〜」と否定してしまう部分には、あなたの魅力やあなたらしさが隠れているから。
それを教えてくれるのが、「数秘術」という占いです。

自己紹介が遅れました。
私は、マンガ数秘占いカウンセラーの桝元つづりと申します。
数秘術を擬人化キャラクターにして、人の「生きづらい」「自分がわからない」と感じる理由をイラストやマンガを使って解説し、「ありのままの自分との付き合い方」を広めています。

数秘術は生年月日と名前を数字に変換し、単純な足し算で出てくる数字から性質を観るシンプルな占いです。

同じお悩みでも、出てくる数字によってどんな悩みなのか、どんな対策を取れば楽になるのかは千差万別。さらに、「良い・悪い」のない客観的な見方をするので、自分では短所で問題だと思っていた面からも、魅力や長所、自分らしさを見つけることができるのです。

本書では、この数秘術から出てくる数字たちのキャラクターと一緒に、お悩みを抱えている時の心の状態をイラストにしながら、心が楽になる考え方を解説していきます。

嫌な部分を直そうとするのは、自分の性質を無理やり矯正するようなもの。
それよりも、「悩んでいる部分が才能だとしたら、どう付き合っていこう？」と考えることで、自分に合わないことを頑張ってエネルギーを消耗するのではなく、浮いたエネルギーを自分の才能を活用する方に使うことができます。

そうすると、不思議と周りからも肯定的に捉えてくれる声が増えてきて、自分のことが好きになっていくでしょう。
この本で、あなたの心が楽になっていくお手伝いができれば嬉しいです。

桝元つづり

CONTENTS

第1部
本当のあなたがわかる
数秘キャラクター解説

第2部
お悩み × 数秘別
自分を好きになるメッセージ

そもそも数秘術って？

数秘術とは、古代から伝わる "数字に意味を見出す占いのひとつ" です。

生年月日の数字と、名前を変換した数字から、
【あなたがどんな才能や性質を持っているか】
を知ることができます。

数秘術にはたくさんの流派があり、潜在意識の知識と組み合わされたもの、心理学の知識と組み合わせていたり、前世まで読み取ったりと、さまざまな読み解き方があります。

私は、
【数秘術を擬人化してマンガにし、自分の無意識の多面性と、わちゃわちゃした内面を脳内住人会議として可視化する】
という独自の鑑定方法で数秘術をご紹介しています。

あなたの脳内で、小さな住人たち（擬人化された数秘キャラクターたち）が、
　「これが当たり前！」
　「こうした方が良いと思う！」
と、いろいろなメッセージを伝えてくれていると捉えていただければと思います。

数秘術でわかること

数秘術では、あなたの考え方の癖を知ることができます。
その中には、直したいのに直せない癖もあると思います。

たとえば、

- ➤ 自己肯定感が低い
- ➤ 繊細・気がつきすぎる
- ➤ イライラ・モヤモヤしがち
- ➤ 頑張りすぎる　　　　　　　　……などなど。

これらの癖は、あなたを悩ませてしまうこともありますが、実は見方を変えると、
【（他の人には難しいことを）息をするようにできてしまう才能】
でもあります。

悩んでいる時は、それがうまく使えない環境にいたり、あなたが自分の才能を否定していることが多いのです。

数秘術を使うと、あなたが悩んでいることを直せないのはなぜなのか、どうすれば才能として活用できるかを知ることができます。

直せないものを無理やり直そうと頑張らなくても大丈夫。
それよりも、「この部分を才能としてどう付き合っていこう？」と考えることで、**毎日を過ごすことがとても楽になり**、**自分のことが好きになっていきます**。

あなたの数秘を出してみよう

早速あなたの数秘を出してみましょう！
QR コードを読み取って診断ページに
アクセスしてください。
お名前と生年月日を入力すると
自動計算されます。

※QRコードが読み取れない場合は「マンガ数秘らぼ」で検索してください。

たくさんの数が出てきますが、

まずは **LP** を見ることをおすすめします。

一番自覚を持ちやすい数秘だからです。

もし LP がしっくりこない場合は、

B を見てみてください。

--- 自分で計算する場合は…… ---

LP の計算方法

生年月日をバラバラにして 1 桁になるまで足していきます。

例 1992年12月3日生まれの人は……

$$1+9+9+2+1+2$$
$$+0+3=27*$$

$$2+7=9 \rightarrow LP は「9」$$

*で11・22・33になった方はそこで計算をストップしてください。

Bの計算方法

誕生日の日にちだけを見ます。
月は考慮しません。
2 桁の場合は、バラバラにして 1 桁になるまで足していきます。

例1 2 月 3 日生まれの人は……
→ B は「3」

例2 12月28日生まれの人は……

$$2+8=10$$
$$1+0=1 \rightarrow B は「1」$$

※11・22の方はそのままです。

それぞれの数の意味

LP ライフパスナンバーと言われるポジションの略

考え方の癖。物事の捉え方や基準、物差し、何かを見た時のフィルターのこと。ついついそんな風に考えちゃう、これが当たり前！、こうしないといけない、これが正しいと思う、といったものの見方です。

あなたの中の脳内住人たち

LP 考え方の癖 6
D 行動の癖 4
S 言動の最終目的/心の元気 1
P 周りからの印象 3
M 30代後半から追加 1
B 考え方の補助 お助けキャラ 2
IT 4
LL 1

D ディスティニーナンバーと言われるポジションの略

行動の癖。ついついこんな行動をしてしまう、やらないといけない義務感にかられる、やらないといけない状況がやってくる・環境にさらされること。

S ソウルナンバーと言われるポジションの略

言動の最終目標 / 心の元気ポイント。人生で感じたい、充実感のポイントなので、全ての行動の動機・前提であり、目的となります。

P パーソナリティナンバーと言われるポジションの略

周りから見える印象。人に話す時や行動する時、自分の内面をアウトプットする時に通るフィルターとしても機能します。

B バースデーナンバーと言われるポジションの略

考え方の癖の補助 / お助けキャラ。2種類ある理由は、現代数秘術では「意識すると良いこと＝お助けキャラ」、カバラ数秘術や流派によっては「Bが思春期前後までメインの考え方の癖」という捉え方をされているためです。

※ M、IT、LL の数は、本書では使用しません。

数秘たちの脳内会議

全ての数秘を見る時は、数秘のキャラたちみんなが
わちゃわちゃ脳内で会議していると捉えてください。
具体的に脳内会議がどんな風に行われているのかというと……

◇◇◇◇◇◇◇◇◇◇◇◇◇◇◇ 脳内 ◇◇◇◇◇◇◇◇◇◇◇◇◇◇◇

 LP6 「困っている人を発見！　すぐに手助けしな
きゃ！」

 B2 「でも、お節介にならないようにね……」

 D4 「どんな風に困っているのか、助けが必要なのか、
まずは様子を見てみます」

 S1 「なんかピンと来た！　行動決定！」

◇◇◇◇◇◇◇◇◇◇◇◇◇ 実際の行動 ◇◇◇◇◇◇◇◇◇◇◇◇◇

 P3 「それよりもあっちが気になる〜！」

◇◇◇◇◇◇◇◇◇◇◇◇◇◇◇ 脳内 ◇◇◇◇◇◇◇◇◇◇◇◇◇◇◇

 LP6 B2 D4 S1 「「「「なぜそうなる!?」」」」

見たり聞いたりしたことに対して、まず LP の数字が「こうあるべき！」とか「こうしよう！」と思います。

それに対して、B はアドバイスをします。

その一方で、D は D 自身の性質で行動しようとします。

さらに、それを実際にやるかどうかを S が最終決定します。

それを P がコーティングして外に出します（もしくは P でコーティングされているように周りからは見えます）。

しっくり来るメンバーもいれば、「こいつ嫌だ！」というメンバー、「これ……居るのか？」というメンバーもいると思います。

組み合わせによっては、ちぐはぐに見えるかもしれませんが、大切なことは、

メンバーに統一性がなくても問題ありませんし、
それを何とかする必要はありません。

数秘たちはそれぞれ個性が違いますが、チームでのスポーツや仕事のように、メンバー全員でどうバランスを取ろうか？と調整することが、自分らしく、楽に生きることにつながります。

まずは、「キャラがバラバラでまとまらないな！」や「このキャラがいっぱいいて意見強いな！」といったことを感じ取ってもらえたらと思います。

そして、慣れやすいところ、わかりやすいところから数秘を取り入れてみてください。

第1部 本当のあなたがわかる 数秘キャラクター解説

数秘のキャラクターです。
1〜9・11・22・33の12人のキャラがいます。

キャラの基本性格です。最初に読んでいただきたいのはLPですが、ぜひあなたの中のいろいろなキャラについて理解し、自分を知るヒントにしてください。

向いている働き方と、その数秘の人が就いていることの多い職業です。同じ職業（YouTuber、漫画家、声優など）でも、数秘によってアプローチ方法が異なります。

恋愛傾向や、恋愛がうまくいくための考え方・方法を解説しています。

対人関係において、仲が良い数秘と、付き合い方に工夫が必要な数秘を挙げました。

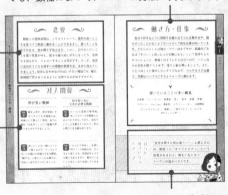

ひとことメッセージも参考に！

第2部 お悩み×数秘別
自分を好きになるメッセージ

数秘術の観点から、総合的なアドバイスや考え方のコツをお伝えしています。

よくご相談を受けるお悩みを全部で13個掲載しています。

そのお悩みに対して、主に見ていただきたい数秘（メイン）と、それ以外で影響を与える数秘（サブ）を示しています。

同じ悩みであっても、人それぞれ傾向やタイプが異なるため、傾向別に数秘キャラたちをグループ分けしています。その悩みを抱えづらい数秘については触れていません。

キャラごとに詳しく分析・解説しています。メインの数秘だけでなく、サブの数秘も見ていただくと、より理解が深まります。

特製お守りカード
の使い方

数秘キャラたちが描かれた12枚のカードが巻末に付いています。以下の①〜③だけに限らず、自由なアイデアでご活用ください。

※ハサミやカッターで切り取ってください。

使い方①

自分の数秘（LP）のカードを財布や手帳に入れ、
お守りとして持っておく。

使い方②

自分の数秘の組み合わせを並べてみる。
数秘たちの脳内会議がイメージしやすくなります。

使い方③

おみくじやタロットカードのように使う。
全てのカードをシャッフルして１枚カードを引き、
第１部の解説「恋愛」「働き方・仕事」内のアドバイスを
質問の答えにしたり、その日のラッキーアクションにする。

本当のあなたがわかる
数秘
キャラクター
解説

まずは、脳内住人たちの基本的な性格・恋愛・対人関係・働き方の傾向をチェックしましょう。それぞれの数秘が持つ「キーワード」をもとに解説していますので、何度でも読み、自分自身を深く知るためにご活用ください。

1

全力投球！わが道を突き進む主人公

ハ ジ メ

～ 基本性格 ～

数秘 1 は裏表がなく、自分が「こう！」と感じたことを貫くまっすぐさと行動力があります。普段は穏やかにしていても、常に「もっと上に行きたい！」という上昇志向を持っており、とてもエネルギッシュなタイプです。

オリジナリティ溢れる視点を持ち、自分では普通だと思ったら誰もやったことがない状況であることも多く、その斬新さが周囲の理解を得られないことも。自分自身でもどこに向かっているかわからず、不安になることがあるかもしれませんが、自分の感覚を信じて大丈夫。数秘 1 は直感が鋭く、自分の進むべき方向に正直です。「う～ん」と迷ってしまう時や、どうしても気が向かない時は、「そっちの方向は違う」と、直感が教えてくれているのです。

「常に動いていなければ！」という気持ちが強く、ちょっとでも動けない時があると自分を責めてしまう、せっかちなところがありますが、そんな時は「全力で走るために力を溜めている」と捉えてみてくださいね。

恋愛

　数秘1の愛情表現は、とてもストレート。相手の良いところを見つけて素直に褒めることができますし、思ったことをありのまま、包み隠さず伝えます。しかし、自分のしたいことを貫く性質がゆえ、相手を振り回しがちになったり、気持ちを汲んだり、フォローすることは苦手です。そこで、自分に合わせてくれる相手への感謝の気持ちを、まめに伝えていきましょう。相手に合わせなければいけない場面では、極力、短時間で済ませられるように交渉するのがおすすめです。

対人関係

仲が良い数秘

数秘2 聞き上手で、自分を追いかけてきてくれる数秘2は、相棒として頼もしい存在。おりに触れ「大丈夫?」という配慮の声かけを心がけてみましょう。

数秘3 楽しいことは一緒にとことん盛り上がり、ケンカしてもいつの間にか仲直りできる関係。「嫌だな」と感じたことは軽めに、小出しに伝えるようにしましょう。

付き合い方に工夫が必要な数秘

数秘4 ルールに忠実で保守的、ゆっくりペースの数秘4とはぶつかりがち。ただし、忘れていたことを教えてくれたり、何かと頼りになる面もあります。

数秘6 「みんなで仲良く」を押し付けてくる数秘6は、口うるさく感じがち。世話好きなので心強くもありますが、曲げたくないことはしっかり主張していきましょう。

働き方・仕事

<u>自分で好きなように段取りを組み立てられる働き方</u>や、誰もやったことがないような<u>パイオニア的な仕事</u>が向いています。どちらかといえば独立・フリー向きですが、組織内であれば「すごい！と思った人の右腕になる」という気持ちもモチベーションに。数秘1はどうしても目立つので、へたに自分の存在を隠そうとせず、堂々と振る舞いましょう。また、ひとつのことに集中したいタイプなので、<u>マルチタスクは避け、作業はシンプルにする</u>とスムーズに進みます。

就いていることの多い職業

自営業 / フリーランス / 創業者 / 芸人 / 歌手 / 俳優 / 声優 /
デザイナー / YouTuber / 漫画家 / イラストレーター / 出版関係

（まだやる人が少ない、職業として認知されていないものを
始めることが多い）

自分を好きになるひとこと

「自分は周りと何か違う……」と感じるのは、数秘1に「オリジナリティ」という性質があるから。誰もいないオンリーワンの道がベストです。

2

控えめさが愛される大和撫子

ふたば

～ 基本性格 ～

　数秘2は寄り添い上手。相手の気持ちに共感しつつ、自分の気持ちをぐいぐいと主張しない、控えめな優しさがあります。そのため、できれば好意的に思う人とモノだけに囲まれて、心穏やかに過ごすのが理想と言えるでしょう。

　実は好き嫌いが多いという一面もあるため、はっきり意見することを避ける曖昧な自分に、コンプレックスを感じることもあるかもしれません。しかし、それは自分が好まない意見であっても、共感できる部分や良い面を理解しようと努める優しさがゆえ。すぐに「でも……」という言葉が出てくるのは、「まだ自分が見つけていない、これから好きになれる部分があるのでは？」と探している時です。

　気持ちがはっきり決められずモヤモヤするのは、数秘2にとって普通のこと。「嫌い」「悪い」といったネガティブな感情は、つい退けたくなるものですが、相反する感情を共存させることで、不思議と気持ちのバランスが取りやすくなります。ネガティブな感情も頭の中にあっていいのです。

恋愛

　数秘2は、親身になって相手の気持ちを受け止めることで愛情を表現します。じっくり話を聞いたり、お茶を用意したり、相手に「相性が良い」「居心地が良い」と思ってもらえるよう、ひたむきに努力するのです。ただし「相手と同じ感覚でいなければ」という考えが強くなると、相手との些細な違いに心が振り回されることに。感覚の違いは、お互いが補い合うことができる大切な部分なので、気負いすぎなくても大丈夫です。"相手と違うこと"それ自体も素敵なことです。

対人関係

仲が良い数秘

数秘3　数秘3は一緒にいると楽しい気分になれる存在。べったり甘える時と、それぞれ自由に過ごす時のメリハリをつけると、より長く関係が続きます。

数秘9　お互い穏やかで相手を理解しようとするので、一緒にいて心地良い数秘9。ただし、相手によって振る舞いが変化するタイプなので、言動に一喜一憂する必要はありません。

付き合い方に工夫が必要な数秘

数秘2　遠慮し合ってしまう間柄の数秘2とは、お互い悶々とした気持ちを抱えながら接してしまいそう。大事な話をする時は、第三者を挟むと良いでしょう。

数秘7　数秘7は安易な共感を求めない性質のため、やりづらさを感じることも。本音をぶつけ合えるコミュニケーションを求められるので、たとえネガティブな感情でも、素直に表現した方が良い関係を築けます。

働き方・仕事

　積極的に発言することは苦手ですが、主体的に動く人の聞き役に徹するなど、サポートに回る仕事が向いています。その際、上司やリーダーが好意的に感じている人だと、なお良いです。また、一見違うように見える、相反するものに共通点を見出すことも得意なので、ご縁繋ぎや仲介業もおすすめです。嫌なことを我慢して続けていると、ある日突然爆発して全てが嫌になってしまうので、明らかに嫌だと感じることは、勇気を出して断る癖をつけましょう。

就いていることの多い職業

カウンセラー / 心理学者 / 秘書 / 看護師 / 美容師 /

飲食関係 / コーディネーター / マネージャー / 画家 / 作家 /

俳優 / 芸人 / 漫画家 / 小説家 / 接客業 / 通訳 / 外交官

自分を
好きになる
ひとこと

自信を無理に持つ必要も、意見をはっきり持つ必要もありません。ただ、「嫌だなあ」と感じるものからは離れて、心地良いものを選ぶ意識を。

かわいい!!

悲しい〜ぅ

素直♡

無邪気さが周りを
「笑顔」にする

わー!!

♪

こうしたら
楽しく
なるかな〜

常に楽しくいられるよう
工夫できる

3

天性のムードメーカーだけど繊細な面も

ミミ

基本性格

　数秘3は、表情が豊かでリアクションもわかりやすい、無邪気なムードメーカー的存在。その場にいるだけで周りを笑顔にできます。常に明るくいることを忘れず、どんな状況でも楽観的に捉えようとするでしょう。周りの人が深刻な顔をしていても、喜べることや楽しいことを見つけるなど、アイデアや工夫を凝らして周囲を明るくします。しかし、それが「場にそぐわない」という理由で怒られたり、周りのことを思って明るくいられるように努力しているのに「何も考えていない」と誤解されてしまい、悲しい思いをすることも。

　そんな時は、無理に明るく振る舞わず、誰かに話したり歌ったり、趣味の創作に興じるなど、早めのストレス解消を心がけましょう。数秘3はストレスに敏感で、我慢や窮屈さを感じるとすぐ投げ出したくなる性質なので、無理に我慢強くなろうとする必要はありません。「子どもっぽいかも？」と感じる部分は、素直さや愛嬌、可愛らしさという魅力でもあるのです。

恋愛

　数秘3は、相手に対して「大好き」な気持ちを素直に示し、一緒に楽しい時間を共有することで、愛情を表現します。その姿は相手にも伝わりやすく、可愛いらしく見えることでしょう。一方で、好きになるほど相手の心離れや怒りなどの感情が怖くなって、顔色を窺いがちに。しかし、相手はあなたの素直さや自由さに惹かれているので、相手に合わせるのではなく、自分の楽しさを追求していく方が、お互いに楽しい時間を過ごせるでしょう。

対人関係

仲が良い数秘

数秘2
共感力が高く聞き上手な数秘2とは、一緒にやりたいことやおしゃべりを楽しめる関係。ただし、数秘2はヤキモチ妬きなので、他の人と遊んだ話をする際は、次に2人で遊ぶ企画を立てることもセットにすると良いでしょう。

数秘6
世話好きの数秘6は、あなたが楽しいことに夢中になっていても、大事なことをリマインドしてくれるなど、優しくフォローしてくれる頼もしい存在。とはいえ、機嫌が悪そうな時は無理をしているので、お休みさせてあげてください。

付き合い方に工夫が必要な数秘

数秘4
細かいところまできっちり確認し、予想外のことを嫌がる数秘4には、叱られることも多く苦手に感じやすいでしょう。自由な振る舞いや予定の変更は最小限に抑え、相手と離れた時にストレス解消をするようにしてください。

数秘7
数秘7はパーソナルスペースが広く、1人の時間を大切にするため、数秘3の人懐っこさを煩わしく思うことがあります。でも「面白い」と感じる相手であれば、無理のない範囲で心を開いてくれることもあるでしょう。

働き方・仕事

愛嬌の良さを求められたり、みんなが楽しくなるように自由なアイデアを出す仕事や、手を動かして何か創り出すような働き方が向いています。できれば服装や髪型が自由など、ルールによる締め付けが厳しくない雰囲気の職場が働きやすいでしょう。数秘3は緊張すればするほど、はみ出してしまう性質なので、ちゃんとすることや、クオリティへのこだわりは、ほどほどで大丈夫です。

就いていることの多い職業

クリエイター / アーティスト / 音楽家 / YouTuber / 芸人 /

アイドル / 漫画家 / 作家 / シンガーソングライター /

タレント / スポーツ選手 / 政治家 / 映画監督 / 声優 /

接客業 / 保育士 / 看護師

自分を好きになるひとこと

楽しいことがわからない時は、思い切って子どもな自分を表現する時。泣いてみたり、子どもっぽいからと避けていたことをやってみましょう。

数秘
3

図面通り
よし！

流行　ベーシック

○年後

長く変わらない
ことが大事

1回 ✓
2回 ✓

コン
コン

あとは
想定外が
起きてから
対応すればOK

イレギラーが起こる前提で
余裕を持っておくと楽

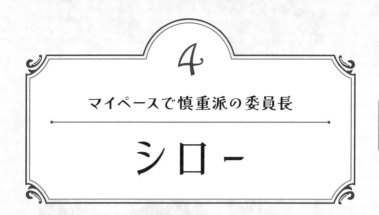

4

マイペースで慎重派の委員長

シロー

～ 基本性格 ～

　数秘4は、基本的なやるべきことをきちんとこなす、安心感のある存在です。長い目で物事を考え、安心・安全かを1つひとつ確認してから進もうとする、堅実さを持っています。

　しかし、その慎重さゆえに、正解のないことや突然の変化は苦手。決断にも慎重で時間がかかるため、周囲との行動ペースの違いに、コンプレックスを感じることがあるかもしれません。ただ、それは単純に数秘4のスピードが遅いというより、周囲が見逃しがちな部分まで目を向けているという、細やかさや丁寧さの証拠。周囲や流行に流されず、変わらない大切なものを守りながら、世界にゆっくりと適応していくのが、数秘4にとってのベストペースなのです。

　また、「100%確実」と思っても、イレギュラーは起こり得るもの。普段から想定外のことに対応できる時間と心の余裕を持つことで、よりスムーズに日々を過ごせるようになるでしょう。

恋愛

数秘4は恋愛に、トキメキよりも安心感を求めます。古風な感覚を大切にし、お付き合いは結婚前提で考えていることも。お家デートや行きつけの店での食事など、くつろぐ時間を嬉しく感じるでしょう。物事を客観的に捉えるため、感情をストレートに感じることがやや苦手。もし気持ちが揺さぶられて不安な時は、無理に落ち着かせるのではなく、波に揺られるような感覚で慣れていきましょう。意識して「安心する」「嬉しい」などの言葉を伝えると、相手も安心しやすくなります。

対人関係

仲が良い数秘

数秘7 数秘7とは人との距離感や、物事の冷静な捉え方などが似ているため、話しやすく感じます。ただ、数秘7への頼みごとは「みんながやっているから」という理由では通じません。具体的な「お願いする理由」を伝える必要があります。

数秘8 圧倒的な行動量で大きな結果を出し、影響力が強く、人に囲まれる数秘8は憧れの存在。報告・連絡・相談は直接相手に、また数秘4ならではの細かい改善案をあわせて提案すると、より良い関係が築けるでしょう。

付き合い方に工夫が必要な数秘

数秘1 スピード重視で大雑把、確認が苦手な数秘1は、まるで正反対のタイプ。一度に伝えることは短く端的に、頼むことはシンプルに。加えてこまめな確認を心がけると、やり取りがスムーズになります。

数秘3 移り気が早く想定外の言動をする数秘3には、ペースを崩されたり、ルールを破るところに、付き合いづらさを感じます。あらかじめ計画に余裕を持ち、自分が手を貸すのは「ここまで」というラインを明確に決めておくと楽になります。

～ 働き方・仕事 ～

きちんとやっておかないと回らなくなる基礎的な仕事をコツコツこなすことはもちろん、「いつまで・どうやってやるか」が具体的に決まっている仕事を指定通りに仕上げる働き方が向いています。また、ごちゃごちゃしている情報を整理したり、手順をわかりやすく噛み砕いてマニュアルを作ったり、仕組みを自動化させる仕事も得意です。身体の使い方がかたよって硬くなりがちなので、普段から軽めのストレッチや運動を取り入れると仕事のペースをあげることができます。

就いていることの多い職業

事務業 / 会計士 / 金融関係 / 税理士 / 栄養士 / 公務員 /

家事代行 / 料理研究家 / モデル / 映画監督 / 実業家 /

芸人 / 俳優 / 政治家 / 声優 / 製薬関係 / 自衛官 / 警察官 /

漫画家 / 出版関係 / ものづくり系

自分を好きになるひとこと

堅物に思われたくないのは、本来穏やかな気質だから。ゆったりした感覚を味わえる時間を少しでも多く取ることで穏やかな心になれます。

数秘
4

シロー

5

カッコつけたいエンターテイナー

ソーゴ

∽ 基本性格 ∽

　数秘5は頭の回転が早く、気さくで話しやすいと思われるスマートなタイプ。真実は自分で得た経験にしかないと考え、興味を持ったものは率先して調べ体験する、好奇心旺盛さとフットワークの軽さを持っています。また、それを人にシェアをするのもうまいので、物知りな人として頼りにされることも多いでしょう。しかし、本人は「口がよく回って取り繕うのがうまいだけの器用貧乏」「いつかメッキが剥がれて情けない部分が露呈してしまうかも」と感じているため、頼りにされすぎるのをリスクと捉え、怖がる傾向も。

　物事に深入りしないドライな自分にコンプレックスを抱くこともありますが、数秘5はどこにも所属しない旅人のような自由さと、フランクな軽さこそが魅力。一見深刻な物事も、持ち前のエンターテイナー気質でエンタメに昇華することができます。さらに、自分とは違う熱血タイプの人にもリスペクトを持って接すると、自由さを失わないまま重宝され、結果的に興味の幅も広がるでしょう。

～ 恋愛 ～

数秘5は、おすすめのお店やスポットに連れていったり、趣味の魅力を語ったりすることで、愛情を表現します。また、自分の持っている体験や情報収集力を総動員して、相手に喜んでもらう演出を考えることも多いでしょう。ディスカッション好きなので、異なる意見のやり取りも楽しみます。一方で、興味の範囲でしか行動できないという傾向も。相手の話に興味が湧かない場合は、"相手が"どこに興味を持っているかを探ることで、理解を拡げていくことができるでしょう。

～ 対人関係 ～

仲が良い数秘

数秘1　数秘1の斬新な視点が興味をそそります。サッパリしてフットワークが軽く、気が合うでしょう。ただし、本人のペースで行動するので、良いコンビになるにはバランス感覚が必要。話しかけられると困るタイミングは、適宜、伝え続けて。

数秘3　わかりやすいリアクションをくれる数秘3は、話しやすい相手。お互い真剣な雰囲気が苦手で、面白いことが好きなのも一緒に過ごしやすいポイント。ただし、数秘3は危機管理意識が低いので、あなたがリスク管理をする必要が。

付き合い方に工夫が必要な数秘

数秘4　堅実で細部まで物事を把握したい、状況の変化を嫌う数秘4は、臨機応変な数秘5にとって、付き合いにくい側面があります。計画が変更になった場合のパターンをいくつか事前に打ち合わせしておくと、相手も安心できます。

数秘9　リアクションが薄くて掴みどころがない数秘9は、数秘5にとってやりにくさを感じやすい相手。見透かされているように感じる点も、苦手に思うかもしれません。何かを提案する場合は「何が嫌？」と、消去法で進めるのが◎。

働き方・仕事

　好奇心旺盛な数秘5は、いろいろな体験をしたいと考えるため、転職をくり返しても問題ありませんが、長続きさせたい場合は、ルーティンに留まらない働き方を選びましょう。多種多様な業務を経験できる職場や、外回りのある部署がおすすめ。自分なりに効率良く工夫できる仕事、情報収集や、興味あるものの魅力を紹介する仕事も得意なので、重宝されやすい存在です。聞き役に回る場合は、提案内容を自分の言葉で言い換えるなど、自分の知識を存分に活用しましょう。

就いていることの多い職業

旅行関係 / 芸能関係 / 司会者 / 営業 / 講師 /

マルチクリエイター / YouTuber / 演出家 / コピーライター /

ライター / 詩人 / 映画監督 / スポーツ選手 / 美容師 / モデル /

イベント業 / 編集者 / 広告業界 / 接客業

自分を
好きになる
ひとこと

数秘5にとって冒険心は必須です。周りが何と言おうと、「やってみたかった」「カッコいいから」という理由で選んだ選択なら大丈夫。

6

愛情深いみんなのママ 美意識も高い

ムツ子

基本性格

　数秘6は人あたりが良く、親切で、困ったことに率先して気づいて手を差し伸べられる、温かいホスピタリティの持ち主です。いつでも周囲を優先し、みんなを喜ばせるためにはどう動けば良いだろうと、常に考えています。

　その分、人間関係に高い理想を持つので、周囲にもそれぞれ思いやりを持ってくれることを望んでしまいます。しかし、世の中には個人主義タイプなど、他人のことを思いやることが苦手な人は存在します。その人を理解したい気持ちとコントロールしたい気持ちの板挟みになり、しんどくなることもあるでしょう。

　そんな時は、できるだけ「その人なりの優しさ」に目を向けるようにしてみましょう。他にも、自分で自分に優しくしてみたり、周りの「手伝うよ」という声にありがたく甘えてみたり。そうこうしているうちに、「優しくない」と思っていた人たちの思わぬ「優しさの形」が見えてきて、周囲とより心地良い雰囲気を創っていくことができるでしょう。

恋愛

　数秘6は相手の喜ぶことをよく観察して、好きそうなものを見つけてきたり、長時間話を聞いたりと、愛情の限りを尽くします。しかし、困ることがないように先回りをして手助けや心配をしすぎた結果、まるで母親のように扱われてしまうことも。さらに、相手のために頑張りすぎて、自分の身だしなみの時間やお金を削るのは、自分自身の大きなストレスとなります。数秘6自身の自分磨きを喜んでくれる相手だと、より尽くしがいを感じられるでしょう。

対人関係

仲が良い数秘

数秘2
穏やかで人と仲良くすることを大切にするなど、サポート気質の似ている数秘2は、話も合いやすい仲。言いたいことを飲み込みがちな相手の意を汲んであげることで、より仲が深まります。

数秘9
普段周りに言えない本音を汲み取ってくれる数秘9は、気を許せる存在。ただし、つい甘えすぎないよう、こちらからもサポートする姿勢を見せて。連絡が取れない時は、相手がそっとしておいてほしいサイン。気長に待ちましょう。

付き合い方に
工夫が必要な数秘

数秘6
想いは同じでも「こんな方向性でうまく運びたい！」というお互いのイメージが違う場合は、本音で語り合うことが苦手という性質も相まって、すれ違いがち。仲介がうまい人に間に入ってもらって話し合いをして。

数秘7
人の輪に興味を持たず、合理的で鋭い雰囲気を持つ数秘7とは、どう付き合っていいのかがわからず、不安に陥りがち。とはいえ、数秘7も、ときどき声をかけてくれるのは嬉しいと感じているようです。

～ 働き方・仕事 ～

気を利かせた先回りが必要となる、ホスピタリティを求められる仕事が向いているでしょう。また、心や身体のバランスを整える業種、人間関係をまとめるチームの調整役、あるいは相手が自立できるようにサポートする仕事などもやりがいを感じられます。高い美的センスを持つので、それを活かし、何かひとつのテーマに特化したコーディネート系の仕事もおすすめ。1人でどんどん決断する働き方よりも、周囲と調整しながら働く方が、より充実感のある仕事ができます。

就いていることの多い職業

福祉関係 / セラピスト / カウンセラー / コーディネーター /

歌手 / 保育士 / 教諭 / ブリーダー / 美容業界 / 美術業界 /

調香師 / 家事代行 / 芸人 / タレント / 俳優 / 漫画家 /

接客業 / スタイリスト / 人事 / 創業者

自分を好きになるひとこと

いつもみんなのために頑張ってくれてありがとうございます。週2日は読書、映画、動画、雑貨など、「素敵！」と思えるものを見て充電を。

常に本気

なぜこの言葉を
選んでる?

本質は…?

どんな相手でも
自分の意見を貫ける

7

ミステリアスな孤高の存在

セブン

～ 基本性格 ～

　数秘7は、興味がないことは視界に入らず、自分の納得したことだけを徹底的にやる、ストイックな職人・研究者タイプ。本質を探究するあまり「どう生きるべきか？」といった哲学的な事象に思いを巡らすことも少なくありません。

　合理的な生き方を目指す数秘7は、無駄のないよう細部まで神経を行き渡らせるため、相手のちょっとした言葉遣いや仕草の違和感に気づきやすい一面があります。しかし、その違和感を不思議に思って質問すると、周りから怖がられたり、ときには攻撃的だと誤解されることも。数秘7としては「詳しく理解したかっただけなのに」と、理不尽さを感じるかもしれません。

　一方で、実は寂しがり屋で、孤独を恐れる傾向もあります。ただし、自分に嘘をつくことを嫌うため、上辺の付き合いではなく「自分の考えを貫く」と覚悟を決めることで、納得した毎日を過ごせるでしょう。大勢と付き合うと疲れやすいので、本音を見せ合えるような、深く密な関係を好みます。

恋愛

数秘7の愛情表現は、くっつきたい時はくっつくけれど、そうでない時は1人にしてほしいといった、まるで気まぐれな猫のよう。一緒の空間にいられれば十分と考えるため、ほとんどベタベタすることはなく、相手がぐいぐい距離を詰めてくると冷めてしまうことも。つい「いちいち言わなくても察してほしい」と思ってしまいますが、相手の察する力にも限界があります。大事な話は時間を取って、長くなっても細かく言葉で伝える方がいいでしょう。

対人関係

仲が良い数秘

数秘4
興味のあることに集中するあまり、日常生活などが疎かになりがちな数秘7を支えてくれる数秘4は、ありがたい存在。ただし、相手は場数を踏んで普遍的なことを掴んでいくタイプなので、長い目で見守る必要があります。

数秘9
複雑な数秘7の内面を何となく察してくれる、心強い存在です。とはいえ、ひとつのことに本気でのめり込むような真剣さや執着心は持っていないので、必要最低限の部分をこなしてくれたら十分と捉えましょう。

付き合い方に工夫が必要な数秘

数秘3
行き当たりばったりな行動が多く、ぐいぐい距離を詰めてくる数秘3は、苦手に感じやすいかも。相手のすることにクオリティを求めず、あくまで観察対象として捉えると、意外に興味深い存在かもしれません。

数秘8
周囲を管理しようという感覚や熱い根性論など、相容れないことが多い数秘8。加えてプライドが高く、違和感を指摘すると反発してくる人とは、特にやりづらさを感じます。せめて報告と連絡は、こまめに行うことを心がけて。

働き方・仕事

興味のある分野に集中できる専門的な部署、スキルを磨いたり、独特のセンスや世界観を表現できる仕事が向いています。現状に違和感を見つけて合理的に改革を進められる働き方も得意。逆に、理由もなく上の命令は絶対遵守、昔からの慣例は無駄でもやらないといけないなど、集団行動が必要な職場で長く勤めるのは難しいでしょう。興味がある仕事に集中する方が高い成果を出せるため、雑務など興味の持てないものはサポートをお願いする必要があります。

就いていることの多い職業

エンジニア / 研究職 / 学者 / 哲学者 / 探偵 / 大学教授 /
医師 / 職人 / アーティスト / YouTuber / 音楽家 / 演出家 /
料理人 / デザイナー / 占い師 / 芸人 / 俳優 / 声優 / ダンサー /
映画監督 / 漫画家 / 作家 / 写真家 / スポーツ選手 / 創業者

自分を好きになるひとこと

数秘7にとって、1人の時間を取ることは、どんな環境でも死守してほしいレベルで大事です。周りとの関わりを楽にするためにも必要です。

数秘
7
セブン

8

時にはスパルタ社長 時には豊穣の女神

八左衛門 & ムゲニア

〜 基本性格 〜

　数秘8は仲間思いで、自分も大事な人たちも、みんなが満ち足りた世界にしたいと考えるような、向上心が強く情熱溢れるタイプです。周りからは、何事にも動じず表情も厳しい、圧が強めの社長キャラ（下）のように見えますが、本人の感覚としては、みんなの役に立ちたい、才能を伸ばして幸せに貢献したいと、人一倍頑張る女神キャラ（上）。周りに誤解されることが多いと感じる原因は、このように外見と内面でギャップが大きいためです。

　内面そのままを見てほしいと思うかもしれませんが、大きな目標を達成しようとする時には、社長キャラを使う方がたくさんの人をまとめやすいこともあります。したがって、どっしり構えて見えるところをうまく活用しつつ、ときどきみんなのことをどんな風に思っているのか、相手を信用する気持ちを言葉で伝えたり、弱音を吐いて頼ったりと、女神キャラも見せることで周りからの信頼度や人望もアップしていくことでしょう。

恋愛

　数秘8は、たくさんのプレゼントを贈ったり、自分が仕事を頑張って相手のステータスを引き上げるなど、パワフルに愛情を表現します。あるいは、家族・仲間ぐるみでどこかへ出かけたり、盛りだくさんのデートコースを好みます。ただし、お付き合いの相手が守ってあげたくなるような人の場合、数秘8の設定したデートコースは、相手にとってハードすぎる可能性も。ときには新しい視野を持って、相手の希望に合わせたコースを考えてみるといいかもしれません。

対人関係

仲が良い数秘

数秘2
タイミング良く必要なものを渡してくれたり、言葉の足りない部分を理解して通訳してくれる、心強いサポーターの数秘2。短時間でもいいので、都度、不安を聞く場を設けてあげると、よりスムーズな関係が築けるでしょう。

数秘4
曖昧なところを具体化したり、後回しにしがちなことを片付けたりと、土台を整えてサポートしてくれる数秘4。毎日をつつがなく過ごせるのは、数秘4の地道な頑張りのおかげなので、ときどき労ってあげることを忘れずに。

付き合い方に工夫が必要な数秘

数秘7
痛いところをズバリ突かれたり、集団行動を乱されたり、付き合いにくさを感じる数秘7。これは数秘7の本来の性質なので、あなたを信頼していないからではありません。肚を割って話すことで、相手の態度も変わってきます。

数秘11
お金やモノにとらわれず、直感を重視する数秘11とは、まるで水と油のような組み合わせです。価値を感じるポイントがまったく違うため、相手への労いはモノではなく、感謝を言葉で表現すると良いでしょう。

働き方・仕事

頑張れば頑張るほど収入や待遇が良くなる環境だと、モチベーションがあがります。人の才能を見つけて伸ばす手助けや、適材適所への配置をする部署、全員で大きな目標に向かって頑張るチームを引っ張る仕事は適任と言えるでしょう。また、売れそうだと価値を見出したものを、よりたくさんの人に受け入れられるようプロデュースするといった仕事も向いています。全力を出し切るような働き方を好む人も多いですが、睡眠を削るのはほどほどに。

就いていることの多い職業

創業者 / 経営者 / 起業家 / 弁護士 / 金融関係 / 投資家 /

不動産系 / 芸能関係 / プロデューサー / コーチ / 監督 /

スポーツ選手 / 芸人 / 俳優 / 政治家 / マーケター /

編集者 / 出版業 / 消防士 / 警察関係

自分を好きになるひとこと

欲は数秘8のエネルギー。「これやりたい」「あれ欲しい」と、いっぱい欲張ってOKです。どうやったら叶うか調べると意外と実現することも。

まあ
いろんな考えが
あるよね〜…

ささやかな
幸せが大事

コレッシャ
ダメだぞ‼

どうなの
アレ……？

「許せない」ことが
あってもいい。

9

ひたすらゆる〜くアメーバみたいに変幻自在

くう

～ 基本性格 ～

　数秘9は、一緒にいる人や環境によって雰囲気や振る舞いが変わる、柔軟な対応力を持っています。共通して達観した雰囲気を持ち、その場にいるだけで周りを和ませる独特のゆるさも魅力です。

　「生きていればそれで十分、何とかなる」と考えるので、おいしいごはんが食べられる、暖かい布団で寝られる、服の生地が心地良いといった身の回りの必要最低限のこと以外には、ほとんど執着できません。人から求められる場合を除き、贅沢な生活や野心、自分個人の利益などには、興味や気力がまったく湧かないのです。ささやかな幸せを十二分に感じ取れる数秘9には、それらの必要性が感じられないためです。

　一方で、「何でもありだよね」という多様な価値観を理解できる懐の深さがあるものの、あくまでも理解に留まり、共感しているわけではありません。人間ですから、受け入れられない感覚があってもOKなのです。

～ 恋愛 ～

数秘9は、愛情表現においても相手に合わせて趣味嗜好を変化させます。周りの影響を受けやすいのは生まれ持った性質なので、無理に「自分らしさを見せる」必要はありません。また、自分からのアプローチや決断は苦手。周囲のセッティングや相手からの押しなどで、関係が進みそうです。ただし、受け身ではあるものの、束縛されることは好みません。嫌な予感のする相手であれば、のらりくらりかわしながら身を守りましょう。

～ 対人関係 ～

仲が良い数秘

数秘11 言いたいことをニュアンスで察知し、その時に必要な一言をくれる数秘11は、頭の中を整理しづらい数秘9にとってありがたい存在。助かった時は、しっかり言葉にして伝えることで、より良い関係を築けます。

数秘33 さまざまな価値観を肯定するという点で、気が合いやすい2人。もし相手の頼り方を重荷に感じる時は、全てを受け入れるのではなく、距離を置くのもひとつの手です。

付き合い方に工夫が必要な数秘

数秘1 自分が決めたことを力づくで通そうとしたり、周囲の声を理解する余裕がない数秘1には、苛立ちを感じることも。しかし、落ち着いている時は素直に話を聞いてくれるので、タイミングをみて話すと良いでしょう。

数秘8 結果重視で、スパルタ的な熱さを持つ数秘8には、窮屈さを覚えてしまいがち。しかし、思ったことを伝えてみると、数秘9の柔らかく根本を押さえた物言いが、相手に思いのほか響くかもしれません。

～ 働き方・仕事 ～

　持ち前の柔軟さで、オールマイティにこなすことができます。目立つことを避けるため、黒子的な役割の方が得意ですが、違う誰かを演じる、創った作品がクローズアップされるなど「本来の自分」が注目を集めないスタイルの働き方は向いています。もし、気力が湧かない、まったく頭に入らないという仕事であれば、それは他の人に回してもらって、別の仕事ができるよう、立ち回ると良いでしょう。

就いていることの多い職業

医療・福祉関係 / 教師 / 公務員 / デザイナー /

料理研究家 / 飲食関係 / 音楽家 / 俳優 / 声優 / 芸人 /

タレント / モデル / アパレル関係 / 写真家 / ダンサー /

農業関係 / 占い師 / 漫画家 / 作家 / 編集者

自分を好きになるひとこと

今日の空はどうですか？　ぼーっとする時間は取れましたか？　無意識に周りからの影響を受けやすいので、頭を空っぽにする時間を大切に。

11

時にふわふわ　時に鋭い直感力の天使

アンジュ＆イチエル

~ 基本性格 ~

　数秘11は、数秘1の直感力と数秘2の共感力を持ち合わせています。自分を高めるために最適な方向を感じ取り、直感に突き動かされることもあれば、周囲の雰囲気や感情に敏感になりすぎて、その情報量に酔ってしまうことも。

　また、感覚的な部分が強いあまりに、逆に、肉体の主である自分自身のことがよくわからなくなることがあります。ちなみに、数秘11の感覚のアンテナは「自然体でリラックスすること」「自分が良いなと思う、素敵だと思う人と全てを共有し、高め合うこと」「志が同じ人たちとつながること」という方に向いています。

　直感を使うほどうまくいきやすい傾向があるので、できるだけ頭の中に余裕を持たせて、いつでも直感を掴めるようにしておきたいところ。一方で、必要のない情報はキャッチしないような工夫もあらかじめしておくと、毎日をより楽に生きることができます。

恋愛

数秘11は、自分のできること全てを相手に与えることで、愛情を表現します。ただし、数秘11は「等価交換」がモットーなので、相手が同じ程度の想いを言葉や行動で返してくれることを望みます。これは決してわがままではなく、数秘11にとっては普通の感覚です。とはいえ、相手によっては愛情をモノで返してくれている場合もあります。それも真心と捉えつつ、相手には「モノよりも言葉で伝えてほしい」など、自分の要望を伝えることがおすすめです。

対人関係

仲が良い数秘

数秘2 理想の高さや好き嫌いの感覚など、価値観が近いので仲良くなりやすい2人。どちらかといえば数秘2の方が受け身に回りがちなので、数秘11がリードすることを心がけて。

数秘7 本音で生きようとする数秘7は、学びのある深い視点を与えてくれる一方、数秘11は無意識に相手に必要な気づきを与えることができ、対等な関係でいられます。相手の質問に答える時は、考えるより直感をフル回転させて。

付き合い方に工夫が必要な数秘

数秘4 何事も具体的にすること、変化しないことに重きを置く数秘4は、数秘11にとってやりづらさを感じます。数秘4は大勢の意見に動かされやすいので、あなたの味方を作ると良いでしょう。

数秘8 確実に結果が出る・得られるものがあるという確証がないと動かない数秘8には、数秘11の直感が伝わりづらく、やりづらいことも。まっすぐに何度もアピールすることで、相手の心が動くことがあります。

∽ 働き方・仕事 ∽

　数秘11は、職場などの環境にパフォーマンスが左右されやすい傾向があります。論理的説明を求められず、できるだけフィーリングや直感で働くことができる仕事や、不正のない環境が理想。経営理念や扱う商品、社内の雰囲気が「良い」と思えるかどうかも大切です。このような環境であれば直感で要領を掴み、必要なことを必要なタイミングでこなしていくことができるでしょう。組織では、尊敬できる人のサポートをしながらエースとして働く、No.2 ポジションがベスト。

就いていることの多い職業

クリエイター / デザイナー / アーティスト / 漫画家 /

エッセイスト / 脚本家 / 俳優 / 声優 / YouTuber / 占い師 /

発明家 / バイヤー / スタイリスト / 料理研究家 /

スポーツ選手 / 経営者 / 企画開発

自分を好きになるひとこと

数秘11は理想の環境をイメージすることが直感のチューニングになります。現実は横に置いて「こうだったらいいなあ」を思い浮かべてみて。

何となく
こうなるかな
と思うけど
データも
確認

皆が公平に
平穏に
過ごせます
ように……

あの人達が
仲良くするには
どうしたら
いいかな…?

それぞれの
ペースで
公平に……

様々な立場の人達のことを
考えられる

こういうの
やると
良いのでは?

じゃあ私
これやるよ!

ここ
やるね!

皆がひると
どんどん
こまちゃう!!

大きなことをやれる
能力とエネルギーがある

22

世界平和を願う双子の巫女さん

にじか＆にき

～ 基本性格 ～

　数秘22は数秘２の共感力と、数秘４の客観的判断力を持ち合わせています。さらに数秘11の直感力が加わることで「みんな」の対象範囲が顔を合わせたことのない人まで拡がり、世の中全ての人のことを自分ごとのように捉えます。どことなく威厳ある雰囲気で近寄りがたさもありますが、あくまで物腰は柔らかく、全員を公平に大事に扱おうとします。

　一方で、合理的かつ公平に判断するものの、割り切れずモヤモヤしたり、好き嫌いなどの感情で撤回したくなったり。かと思えば直感で大きなことを始めたりと、自分の言動がいささか不安になることもありますが、数秘22の目指すところは、全ての人が平等に穏やかに暮らすこと。不平等で立場が弱い状態の人へ手を差し伸べる仕組みを作ろうとしたり、場合によっては根本的なシステムから変えようと画策します。周囲には理解されづらいスケールの大きなビジョンを持ちますが、それだけ大きいことができる能力とエネルギーも持っています。

恋愛

数秘22の愛情表現は、自分ができることはとことんサポートするという献身的な一面を見せることもあれば、相手が元気に活動できるよう、食事などの生活習慣を陰から支えることも。一方で、相手に合わせたい気持ちはあるものの、やることが多くて忙しいため、自分のペースでデートの時間などを設定したくなる傾向があります。自分に合わせてもらったら次は相手に合わせるなど、相手と対等でいるための工夫をしていくことで、より良い関係が築けるでしょう。

対人関係

仲が良い数秘

数秘8
数秘8は適材適所を見極めて采配してくれたり、活動を拡げてくれる頼もしい存在。仕事であれば、確実に大きな結果が見込める状態で声をかけるのがおすすめです。

数秘11
やろうとしていることを直感でキャッチしてくれるのみならず、行動も早い数秘11は、心強い存在。淡々とした印象を持たれやすいので、適宜マンツーマンでお礼を言うと、相手のモチベーションがあがりやすいでしょう。

付き合い方に工夫が必要な数秘

数秘4
段階的にゆっくりと理解するタイプの数秘4に対しては、融通の利かなさにイライラしてしまうことも。できないことがあっても、サボっているのではなく時間がかかっているのだと、長い目で捉えてみて。

数秘7
数秘7には「みんなのため」という理由が通用しないので、なかなか同じ方向を向けないタイプ。しかし、数秘7の「なぜ？」に答えられるようになると、目標がよりしっかりして現実味を帯びてくるでしょう。

働き方・仕事

　どんな仕事でも、直感と周りの状況から仕事の要領を掴み、データを素早く確認して高い能力を発揮します。なかでも、さまざまな価値観・環境の人が平等に扱われる会社、もしくは平等に扱われることを目指して活動している団体、海外と関わりがある仕事が向いているでしょう。また、古くからあるものを今とつなげるような活動、ビジュアル・音などの非言語を用いて、ニュアンスで人の心を穏やかにするような活動ができると、より働きがいを感じます。

就いていることの多い職業

創業者 / 医療・福祉事業 / 政治家 / 音楽家 / 画家 / 芸術家 /

作家 / 経営コンサルタント / 映画監督 / 芸人 / タレント /

声優 / 建築関係 / 国家公務員 / 貿易関係 / 外交官 / 仲介業

（海外も視野に入ります）

自分を好きになるひとこと

　いろんな考え、いろんな世界を見ていきましょう。その中で、曖昧で抽象的な感覚に心地悪さを覚える時は、アートにしてみるのがおすすめ。

ありのまま
皆素敵!!
大好き!!!
基本は全肯定
皆がそれぞれ
やりたいことやって
うまくいくのが
いいな〜♡♡
やりたい
やりたい
やりたい
自分も周りも
楽しくありたい

33

まるで宇宙人 無邪気で真面目な二面性

ペコリ＆ピラミ

～ 基本性格 ～

　数秘33は、数秘３の子どものような天真爛漫さと数秘６の しっかり者という正反対の性質が、コロコロと入れ替わりま す。たとえば、「周りの人のために頑張ろう」と思った次の 瞬間、「楽しくないからやめた！」と気が変わってしまい、あ まりの落差に自分自身が周囲の人以上に困惑することも。し かし、この一貫性の無さも、数秘33らしさと言えるでしょう。

　数秘33は「ありのままが一番」「みんながありのままの状 態で笑い合いたい」という考えを持つため、他の人が敬遠し てしまうような人をもそのまま受け止める、大きな器の持ち 主。それができるのも、自分自身に複雑さを抱えているがゆ え。優しさからつい周りを優先して自分を後回しにしがちで すが、数秘33の目指すものは「自分も周りも楽しい気持ち でいる」こと。何か選択する時は、自分自身が楽しく、自分 の心が癒やされるものを選ぶよう心がけると、結果的に周り も幸せになります。

恋愛

数秘33にとっての愛情表現は、自分のありのままを見せること。心を許せば許すほど、自分に嘘がつけなくなります。お互いの本音こそが大切なので、婚姻する・しないなど「恋愛とはかくあるべき」という感覚がありません。恋愛対象が異性ということ自体、しっくりこない人もいるでしょう。「相手に理解されない」と感じる時は、相手から、あなたの想いと行動がバラバラに見られている可能性があります。相手をまっすぐ見つめて、今想っていることを伝えましょう。

対人関係

仲が良い数秘

数秘3 いつもニコニコして楽しい数秘3は、数秘33の内にある数秘3の部分を解放でき、癒やしになる存在です。たとえ何か失敗しても「まあいいか！」とお互い後に引きずらない気楽さが心地良い相手です。

数秘9 一貫性のない数秘33の頭の中を何となく理解してくれます。お互いいろいろな価値観を肯定的に見られることも楽なところ。ただし、相手がしんどそうな時は、そっとしておきましょう。

付き合い方に工夫が必要な数秘

数秘4 変化に弱く「こうするべき」と信じていること以外を聞き入れることが難しいタイプの数秘4から理解されるには、長い時間がかかりそう。ただし実生活では必要なことを指摘してくれるなど、ありがたい一面も。

数秘8 結果や評価が全てだと捉えるタイプの数秘8には「生きているだけで素晴らしい」という数秘33の感覚は理解しづらいでしょう。一方で数秘33の伸びしろを見抜き、課題をくれることも。楽しみながら挑戦してみては？

働き方・仕事

自分が一生懸命打ち込んでいるうちに周りも笑顔にできるような仕事、個性的なセンスを活かせる仕事が向いています。そのままの自分を包み隠さず見せることで、周りの人たちの心を解放するといった活躍をすることもできるでしょう。誰1人悲しい気持ちにさせたくないという気持ちで頑張りますが、自分ができないことや楽しくないことは著しくクオリティが落ち、途中で投げ出したくなることも。苦手なことは、できるだけ誰かにお願いしましょう。

就いていることの多い職業

医療・福祉事業 / カウンセラー / セラピスト / 画家 /

映画監督 / 政治家 / スポーツ選手 / 芸人 / タレント / 俳優 /

声優 / アイドル / 歌手 / 平和のための活動家 / 占い師

自分を好きになるひとこと

あなたはいつも、全てを全力で頑張っています。笑顔にできない人がいた時は、あなたのやり方と相手のタイミングが合わなかっただけです。

奇数の数秘と偶数の数秘の
性質の違い

　数秘の性質は、奇数（1・3・5・7）と偶数（2・4・6・8・22）でグループ分けすることができます。

　※数秘11は1と2、数秘33は3と6を含むと考えられ、数秘9は1〜8全ての性質を理解できると考えられているので、両方の属性を持ちます。

　奇数と偶数の特に大きな違いは、自分と周り、どちらを重点的に大切にするかです。

　奇数は、自分の考えを中心に判断する方がうまくいきやすく、周りの意見を取り入れすぎると不調を起こしやすくなります。逆に、偶数は、周りのためを考えながら行動しようとするので、自分を中心にしすぎるとうまくいかないことが増えやすいです。

　真逆の感覚を持つので、対立してしまうこともあり、お互いの感覚に完全に合わせることは難しいです。また、奇数と偶数で、どちらが良い・悪いといった優劣も一切ありません。相手の性質を理解した上でのコミュニケーションを意識すると、対立が減っていくでしょう。

　※LPやD、Sなどの組み合わせや環境により、奇数でも周りのために動くことが得意だったり、偶数でも周りのフォローが苦手な方もいます。

お悩み × 数秘別

自分を
好きになる
メッセージ

あなたの生きづらさを和らげるための考え方のコツを、数秘別に、より具体的に解説しています。どのお悩みからでもお読みいただけます。数秘キャラたちと一緒に、自分を知り、好きになる方法を探っていきましょう。

自己肯定感 が低い

見るべき数秒

メイン **LP** サブ D S P

アドバイス

自己肯定感とは、
「ありのままの自分でいいんだ」と
認める感覚

自己肯定感を低く感じる時は、
自分の性質を「悪い」「迷惑をかける」
という前提で見てしまっている

自分の否定しがちな部分に
自己肯定感アップのヒントがある

数秘別解説

自分を抑え込んでしまう数秘

2 & 3 & 5

　このグループは、自己肯定感を低く感じると、自分の力を抑え込んでしまう数秘たちです。

数秘2が自己肯定感を低く感じると「全部自分が悪いんだ」と考えてしまいがち。相手の考えに対して「それはちょっと違うのでは？」と疑念を抱いても、「理解できない自分が悪い」と抑え込んでしまったり、たとえ相手が理不尽に責めてきても、当然の罰のように自分を責めてしまうのです。

このように「絶対的に相手が正しい」という考えにかたよるとしんどくなりますが、一方で、相手に共感する考えと反対する考え、両方を持つことによって心のバランスを取ることができます。たとえば、「全てが正しいと思えない」という自分を認めてあげると、不思議と気持ちが落ち着き、自己肯定感もあがることでしょう。はっきり決めきらなくても良い、合わせたいけど合わせられない自分もいるのが、数秘2なのです。

数秘3が自己肯定感を低く感じると、自分の気持ちを素直に表現しづらくなります。自分自身が楽しくない気持ちでも、周りを笑顔にしようとして無理に笑顔でいようと頑張ります。頑張れば頑張るほどしんどくなり、うまくいかない感覚があるとしたら、「素直な感覚を取り戻した方が自然と自分も周りも楽しくなるよ」というサインです。

楽しい気持ちでいられない時は、「悲しい」「寂しい」などの素直な感情を表現する時間が必要です。周りに伝えられそうにない時は、自分の感情とリンクするような歌を歌ったり、紙をビリビリ破いてみたり、ぐしゃぐしゃ丸めたりと、楽しくない

気持ちを外に出す時間を作ってみてくださいね。すると、本来の素直で無邪気な感覚が戻ってきて、不思議と周りをほんわかとした気持ちや明るい気持ちにすることができます。

数秘5

　数秘5が自己肯定感を低く感じると、なるべく無難で安全な方向を選ぼうとします。過去に興味を持ってやってみたチャレンジが大きなトラブルにつながったなどの経験がよみがえり、無意識に持ち前の好奇心を抑えてしまいます。平静を装いながらも言葉巧みに挑戦を避けようとすることもあったかもしれません。

　しかし、数秘5にとって平凡な毎日は退屈そのもの。数秘5が自己肯定感をあげるためには変化が必要です。ただし、衝動的に周囲が驚くような行動を取ることもあるため、トラブルが心配な時は、どう対処すると良いか、日頃からいろいろな角度から情報を集めて準備しておくと良いでしょう。それでもトラブルが怖いという場合は、映画や小説やマンガなどで擬似的な変化を体験するのも、おすすめです。

自己肯定感が低い

自分のペースを
考えられなくなる数秘

4 & 6 & 8

　このグループは、自分の限界を超えるほど頑張らない
と、自分を肯定してはいけないと誤解しがちな数秘たち
です。

数秘4の自己肯定感を測る鍵は、自分のペースのスローさを受け入れられるかどうかにあります。他人と比較して「もっとスピードをあげなければ！」と、知らず知らずのうちに自分を追い込んでいるかもしれません。しかし、スピードを優先すると、今度はやっていることが間違っていないかどうかが不安になって、さらにスローペースになってしまいがちです。

安心・安全で確実なものを求めてしまう数秘4にとって、慎重に行動することが一番自分を肯定できる状態と言えるでしょう。確認を怠ると、なぜか結局やり直すことになったり、余計に時間がかかってしまいがちです。

そんな時は、まず深呼吸。気持ちと時間に余裕があった方が、安心感から物事を早く進められる性質を持つので、1つひとつ整理して物事に取り組むことが、結果的に自己肯定感アップにつながるでしょう。

数秘6が自己肯定感を低く感じる時は、たとえば「あなたが誰かの手助けをしている時に、別の誰かが困っていることに気づけなかった」というような状況で、その人に優しくできないと自分を過剰に責めてしまいがちです。もし、「視界に入る人全員を、私の力で先回りして助けないといけない。そうでなければみんなに好かれない」と感じているならば、そもそも物理的に不可能である状況が多いのです。

残念ながら、数秘6の優しさの形を好まないタイプの人もい

ますので、優しくできたかどうかと、全員に好かれるかどうかに因果関係はありません。仮に誰かを助けられなかったとしても、その人に合う助けが、その人に必要なタイミングで現れます。「今は、私が手を差し伸べるタイミングではなかったのかもしれない」と捉えてみてくださいね。

数秘 8

数秘8は、人と比べて自分が劣っていると感じたり、努力したことに高い結果が出ないと自己肯定感がさがり、「自分なんか価値がない」と思ってしまいがちです。さらに、頑張りに見合わない結果が続くと、「目標を立てても無駄だ」と、やる気が起きなくなってしまいます。しかし何も対策せず、その状態を放置すると、ますます自分が何もできないと感じて、自分を責めてしまうことに。

そんな時は、お世話になっている人たちにささやかな差し入れをしたり、元気で過ごしていることを伝えたり、できる範囲で誰かにごはんやお茶を奢ってあげると良いでしょう。「こんなことで？」と思うかもしれませんが、数秘8は誰かに貢献することを求める性質があるので、今できることを提供するだけでも自己肯定感を取り戻していけます。

数秘8は、たとえ99点を取れていても「100点でなければ0点と一緒だ」と考えてしまうので、99点の方に目を向けてみることで、見落としていた自分の価値を見つけられるでしょう。

自己肯定感が低い

敵対心が強くなる数秘

1 & 7 & 22

　このグループは自己肯定感が低くなると、周囲に対して拒絶反応や攻撃的な気持ちが出てきやすい数秘たちです。

数秘
1

　数秘1が自己肯定感を低く感じていると、人と話していても「自分はバカにされているのではないか」など、他人の些細（ささい）な一言にも疑心暗鬼になってしまいます。誰かが褒められていると、逆に自分が否定されているように聞こえてカッとなったり、周りの人に八つ当たりをしてしまうことも。カッとなってしまった自分を、さらに責めてしまうかもしれません。

　ひたむきな数秘1は、自分が否定されることに敏感なので、カッとなってしまうのもある程度は仕方がありません。そんな時は、一旦その場を離れて、気持ちが落ち着くまで待ちましょう。1人になれる場所で、思ったことを「頭の中から取り出して捨てるイメージ」を持ちながら、ぶつぶつ呟くことで早く落ち着くことができるでしょう。

　また、寝る前にその日自分ができたことを3つ褒めてみて。「ごはんをおいしく食べた」といった些細なことでOKです。自分で自分を褒める癖がつくと、否定される感覚も少なくなり、自己肯定感が向上していきます。

数秘
7

　数秘7の自己肯定感がさがっている時は、「自分はどうせ理解なんてされない」と、自己卑下に陥りがち。「なぜそうなるのか」が細かく気になる性質で、こだわりが強い数秘7の特徴を、周りから面倒そうに扱われてしまったり、「とにかくやれ！」とコミュニケーションを一方的に打ち切られてしまったり。面倒がられないように、短時間で伝わるよう慎重に言葉を選んで

も、今度は相手に思ったように受け取ってもらえず、「もういいや」と諦めてしまうこともあるでしょう。

そんな時は、「人を選んでも良い」「わかる人だけわかればいい」と捉えてみてください。あなたが伝えたいことを理解したくない、理解できない人もいるのです。無理に全員にわかってもらおうとする必要はありません。

数秘7は本質と本音を大切にしますが、そうでない人もいるため、たとえ身近な人でもわかり合えないこともあります。自己肯定感をあげるためにも「わかる人にはわかる」と、自分のスタイルやこだわりを貫くことが大切です。

数秘
22

数秘22は、選択肢の少ない環境にいると自己肯定感が低くなってしまいます。たとえば、ニュースで困っている人を見たのに、自分は直接何もできず「なんて無力なんだ」と落ち込む、といった具合です。同時に、選択肢のない環境や仕組み自体にも反感が湧いてくることでしょう。

数秘22はみんなが平等で平穏になるためのシステムを作りたいと考えていますが、その目標はハードルが高く、一朝一夕には行かないことも多いもの。そもそも、目標が壮大だったり、大きな力を持つ人たちが相手だったりすることが原因なので、あなたが気に病む必要はありません。

それでも自分の無力さがしんどい場合は、自分とはまったく違う環境にいる人の本を読んだり、話を聞く機会を作ってみましょう。物理的に離れた地域に住む人や、自分とは別の業種の人の考えに触れることで、どう行動するべきかのヒントが得られ、自分が動くための引き出しが増えていくはずです。

自己肯定感が低い

別の何かになろうとする数秘

9 & 11 & 33

　このグループの数秘たちは、自分で自分がわかりにくいタイプ。それゆえ、周囲から見た "自分のイメージ像" にならなければ、相手に受け入れてもらえないかもと誤解して、自己肯定感が低くなりがちです。

数秘9が自己肯定感を低く感じる時、周りの個性的な人たちに魅力を感じて、「自分も個性を見つけなければ」「本当の自分を探さねば」と思ってしまいます。しかし、数秘9は場や相手によって振る舞いや言うことが変わるという性質があるので、「これが自分」というものが見つけられず、不安になることも多いでしょう。

とはいえ、場所によって別人のようになれる柔軟さこそが、数秘9の個性。「さまざまな価値観があることを理解したい」という思いがあるからこそ、ひとつの考えや個性に固執しないのです。立場によっては固執しようとすることが必要な場合もありますが、それも、多彩な自分のひとつの面であると捉えましょう。

また、数秘9の本来の自分は、開けた場所で、1人でぼーっとしている時に現れることが多い傾向があります。ぼーっとしたり、散歩する時間を積極的に取り、他人に影響されない時間を作ってみてください。

数秘11の自己肯定感が低くなると、「素敵！」と思っている人や考えに過剰に倣（なら）おう、合わせようとしすぎてしまいます。何となく違和感を覚えても、「あの人の言うことなら間違いない」と、打ち消してしまうことも多いでしょう。

そんな時は、相手と一緒にいる時に、知らず知らずのうちに身体が強張（こわば）って手を強く握り続けていたり、頭の中が詰まって

いるような感覚がないか、身体的な感覚を感じ取るようにしてみてください。もし、そのような感覚がある場合は、「自分の感覚をスルーしがちになっているから。もっと自分自身に目を向けて」というサインです。

数秘11が自己肯定感を感じられるのは、どんな相手であっても対等な心でいられ、自然体で、自分のフィーリングで判断できる状態。お気に入りの場所や自然のあるところでリフレッシュし、自分の心地良さにチューニングすると、そんな違和感も、敏感に感じ取って大切にできるようになります。

数秘33が自己肯定感を低く感じている時は、「普通であること」にこだわったり、人と違う感覚に過敏になりがちです。ところが、人と同じことをやっているつもりでもまったく違っていたり、人と同じようにできていたとしても自分の言動に違和感が拭えず、突然モヤモヤが溢れて爆発してしまうこともあるでしょう。

数秘33のありのままの状態は、自分も周りも本音に素直であること。たとえば、周囲の「普通」が建前や統率のためのルールだった場合、それは数秘33の本音とはかけ離れているため、「普通」がうまく把握できず、混乱。合わせようとすること自体がストレスになってしまいます。

そんな時は、プライベートの時間だけでも、「楽しくない」と思うことをやめてみたり、周りがどう思うかに関係なくやりたいことをやってみると自己肯定感につながります。

自分の ことが わからない

見るべき数秘

メイン **LP**　サブ D　S　P　B

アドバイス

自分を無理に
わかろうとしなくてもいい**数秘がある**

自分が見えづらくなっているのは
頑張りすぎの**サインかも**

複数の数秘が同居することが原因で
本当の自分がわからないこともある

数秘別解説

自分のことがわからない

「自分がわからない」状態が普通な数秘

9 & 11 & 33

このグループは、自分の考えていることに掴みどころがなかったり、コロコロ変わってしまったりと、常に「自分がわからない」状態の数秘たち。彼らにとってはそれが普通のことなので、「自分をわかろうとしなければ！」と焦る必要はありません。

数秘9は「ささやかな幸せ」を大切にします。1輪だけ膨らんだ花のつぼみ、冬の朝のピンと張った空気感など、ほとんどの人が見逃してしまいそうなものを味わい、大切にします。

しかし、その反面「何かを成し遂げる！」といった情熱を持ちづらいという一面も。また、ひとつのことをさまざまな視点から理解できるため、いろんな意見が浮かんで脳内がいっぱいになり、頭がぼーっとして言いたいことが掴めないことも多々あるでしょう。そのため「自分の考えていることがわからない」といった感覚を抱きやすいかもしれません。

数秘9にとって一番大切なのは「温かいごはんを食べて、しっかり眠る」こと。自分がわからなくなった時は、ごはんをゆっくり味わって食べたり、肌触りの良い服を着たりなど、1日を丁寧に過ごしてみましょう。

数秘11は自分がすべきことや相手に必要なことを直感で察知し、突き動かされるように行動します。ところが、その次の瞬間には、自分の言動が頭の中からすっかり消え去ってしまうことも。周囲の言動はよく覚えているのに、自分の言動だけ雲を掴むような感覚になることも少なくないでしょう。

しかし、数秘11にとっては自分のフィーリングに任せる状態こそが、もっとも生きやすい状態。そのため、自分を把握しきれなくても、問題ないのです。

とはいえ、直感も闇雲に働くわけではありません。あなたを

ベストな状態に導くために、自分も周りも自然体で正直でいるために必要なことを教えてくれるでしょう。また、お互いにスキルなどを高め合える人、心地良く感じる人とつながるように導いてくれます。

「どうすれば心地良いか」という理想を思い描いてみると、結果的に良い縁に導かれるので、直感に突き動かされて動くことにも、次第に不安がなくなっていくはずです。

数秘
33

　数秘33は「ありのままの自分でいる」ことを大切にします。自分の感覚を素直に表現できることは素晴らしいのですが、一方で、極端な感情の起伏も、そのまま表現してしまう傾向があります。たとえば、「全てが愛おしい！」と思っていたにもかかわらず、気づけば「全てが苦しくてずっとつらかった」と、真逆のテンションになってしまうことも。「一貫性がない自分のことをどう理解すれば良いのかわからない……」と、途方に暮れることもあるかもしれません。

　数秘33が自分を理解するには、自分の全てがありのままなのだと、認めてあげることが必要です。一貫性を持つことは難しいので「今、心地良いことは？　やりたいことは？」と、まずは、現在の感覚を確認してみましょう。そのうえで、自分が楽しく、人からリアクションを得やすいことを優先的にやっていくと、気分のギャップを気にすることも少なくなっていきます。

周りからの影響で
自分がわからなくなる数秘

2 & 4 & 6 & 22

このグループは自然と相手や周りの環境に影響を受けやすい数秘たち。率先して人のサポートに回り、自分の意見ややりたいことを慢性的に抑えてしまうと、自分のことがわからなくなってしまいます。自分なりの譲れないポイントを守るように、立ち回りましょう。

数秘2は、相手の感情に強く共感する性質を持っています。相手が笑えば嬉しくなり、怒っていればムカムカしてきたりと、無意識のうちに、相手と同じ気持ちになろうとしてしまいます。つまり、数秘2が自分の気持ちや考えがわかりづらいのは、「相手と同じ感覚を共有したい」という性質からなのです。また、好意を持つ人だと、共有したい気持ちがさらに強くなるという傾向があります。

しかし、相手と自分は別の人間。当然、共感できない場面もあることでしょう。「でも」「う〜ん」という気持ちや言葉が出てきたら、そんな自分を否定せず「共感できない自分がいても仕方ない」と認めることで、ザワザワした気持ちが落ち着いてきます。周囲に振り回されている感覚も少なくなっていくでしょう。

数秘4は、客観的に物事を捉えることができます。また、安全に物事を運んだり、周りの人がみんな同じように快適に過ごせるような手順やルールを考えたり、状況を整理しようと試みます。しかし、その特性ゆえに「自分の気持ち」よりも「正しいかどうか」ということに目が向きすぎてしまい、それが物事の判断基準になりがちです。

数秘4が何が正しいかわからなくなった時は、「自分の気持ちを確認しよう」というサインです。「このままで大丈夫？」という不安な気持ちや「一息つきたい」といった気持ちを、見

過ごしているかもしれません。

　そこで、まずは5分だけ手を止めて「考えても仕方がない」と思っていることを、紙やスマホのメモアプリに3つ、リストアップしてみましょう。現状や自分の気持ちを把握できるので、安心して行動しやすくなります。これを、時間や回数などを決めルーティンとして行うことで、不安が和らいできます。

　数秘6は自分の意見や考えよりも、周りの人が喜ぶことを優先します。「みんなが仲良くいられる」ことを大切にし、自分の意見を抑えるような優しさがあります。その結果、自分は何が嬉しいのか、何をやりたいのかへ目を向けることに慣れておらず、結果として、自分の意見がわからないということも。

　数秘6にとっては、「みんなが仲良く」ももちろん大切ですが、一方で、自分が「素敵だな」「こうだったらいいのにな」という自分の理想を実現したいとも思っています。

　そこで、「素敵だな」「こうだったらいいのにな」と感じることを普段から探して、ぜひ口にしてみましょう。口に出して言うことで、あなたに共感する人が近くに集まり、共感できない人はあなたと適度に距離を置くようになるので、お互いが心地良く過ごしやすくなります。

　数秘22は相手に共感する性質と、客観的に捉える性質の両方を持ち合わせています。そのため、自分個人の、特に感情的な考えや意見をネガティブに捉えやすいという一面も。

　たとえば「正しくない」と思うことに怒りを感じても、その背景にそうならざるを得なかった事情があると客観的に知ると、怒りの矛先が見えなくなります。結果的に、自分がどう考えれば正しいのかわからなくなり、混乱してしまうのです。

　数秘22が混乱して、自分がわからなくなってしまった時は、脳内の情報を整理しましょう。「正しいかどうか」「良いか悪いか」は一旦横に置き、「起きていること・自分の感情・周りの人の気持ち・身近な人たちの中で正しいとされていること・世界で正しいとされていること」をそれぞれ書き出してみてください。これらは、数秘22にとって、今後どうしていくかを考えるためのベースとなる、どれも大切な要素です。これらをもとに、結果的にどう動けば良いかは、直感が教えてくれることでしょう。

合わない環境にいると
自分がわからなくなる数秘

3 & 7 & 8

　このグループの数秘たちが、自分のことがわからなく

なっている時は、自分が合わない環境に置かれているサ

インです。

数秘3は自分も周りも"今、この瞬間"楽しくいられることを大切にします。そのため、難しい顔をした人ばかりの閉塞的な雰囲気など、「楽しくやること」が許されない環境は、大きなストレスに。ストレス下にある数秘3は、いつも通り明るくいることに力を注ぐものの、心では泣きたい気持ちや怒りが溜まって、いっぱいいっぱいの状態になっています。

頑張って笑顔で過ごしているのに、全てが否定されるような状態なので、「自分の考えていることや楽しいことがわからない」と感じてしまっても仕方がありません。

感情豊かな性質は数秘3の魅力なので、ネガティブな気持ちも「子どもっぽい」と切り捨てず、しっかり泣き、怒り、気持ちを放出しましょう。感情を放出するとスッキリして、また自然と笑顔でいられるようになっていきます。ネガティブな感情を出すことで、状況が悪化する可能性が気になる場合は、外に情報が漏れない、安心できる相手や場所を選んでください。

数秘7が自分の考えや意見がわからなくなった時は、「違和感があることを、無理にやっていませんか?」というサイン。常に本音のみで生きようとする数秘7は、さまざまな角度から「本当にこれでいいのか?」を探ろうとするので、あえて違和感があることを試してみることも。しかし、本音を誤魔化して違和感のあることを続けていると、周りと分離しているような感覚がどんどん大きくなってしまうのです。

そんな時は、頭の中の情報を制限する必要があります。1人の時間を作って、自分の中で違和感を感じるところや、納得がいかないこと、言っても無駄だと諦めていることを、じっくり分析してみましょう。このように、自分が何を考えているかを分析する作業自体が数秘7にとって大切なのです。

数秘8は限界を突破して、どこまでも無限に才能や収入を伸ばそう、増やそうとする向上心があります。そのため、どうしても現状に限界を感じたり、行動を制限したり我慢しなければならない状況に陥ると、自分の考えや、どうしたいのかが、わからなくなってしまうことも。

これは、数秘8が「確実にうまくいく」というイメージさえあれば実現に向かって動けるという性質の、ある意味、副作用のようなものです。数秘8の原動力は「無い状態を、在る状態にする」こと。つまり、欲しいものを欲しいという気持ちは数秘8にとって、非常に大切なものです。

したがって、「限界だから我慢しよう」と自分で限界を決めず、「どうやったら実現できるだろう?」と考え方を変え、すでに実現している人を探して目標にすることが突破口になるでしょう。

わからない感覚によっては「立ち止まるサイン」の数秘

1 & 5

　本来、このグループは常にやることを見つけようとしている数秘たち。それにもかかわらず、今、「動けない状態」と「自分の考えていることがわからない状態」が同時に起こっているとしたら、「何かしなければ！」とジタバタせずに、立ち止まることを求められています。

数秘1

　数秘1は直感で「これだ!」と感じるものを選び取り、どんどん動いていこうとします。したがって、動くための動機や目標があるうちは、たとえどこに辿り着くかわからない不安があっても、大丈夫。しかし、どんな選択肢もピンと来ない時は、無理に動こうとする必要はありません。焦る気持ちが募るかもしれませんが、そんな時は、「今ある選択肢のどれでもない」ことが、一番しっくりくるというサイン。後に現れる別の選択肢に、すでに直感が照準を合わせている可能性も。

　自分がどうしたいのかわからない感覚が強い時は、「○○が食べたいなぁ」と頭に浮かんだらそれを食べるようにするなど、一瞬でも浮かぶものを即座に捉えて「これだ!」と判断する直感力を鍛えておくことをおすすめします。

数秘5

　数秘5は、自分自身がさまざまな体験をすることに価値を見出すため、「いろいろやってはいるものの、何をしたいかわからない」という状態は、問題ありません。一方で、やりたいことはたくさんあるような気がするのに、スムーズにこなすイメージが持てず、ダラダラと時間を浪費してしまう状態や、「何がやりたいのかわからない」と、どこか虚しい気持ちになる場合は要注意。「頭を使うのはひと休み」というサインです。

　数秘5にとっては、散歩やドライブで空気を吸うことが良い休息となるでしょう。視覚・聴覚・味覚・嗅覚・触覚の五感を意識的に使うことで、心のバランスが取りやすくなります。

お悩み

3

ネガティブ
思考・
考えすぎる

見るべき数秘

メイン **LP** サブ D S P B

※ここでは「ネガティブ」とは、気持ちが不安定なさま・後ろ向き
な考えが出てきている状態と定義付けています。

アドバイス

ポジティブに見える人でも
ネガティブな一面はある

疲れが溜まって休息が必要になると
ネガティブ思考になりやすい

ネガティブだと捉えられがちな面に
才能が隠れている

数秘別解説

不安になりがちな数秘

4 & 5 & 6

　このグループは、物事のネガティブ面に目が行きやすく、不安になってしまう数秘たちです。

数秘4は長期的かつ、確実な安心・安全を求める慎重派なので、たとえ安定している状況であっても、些細な不安を探し出してネガティブになってしまうことがあります。

そんな時は、まず今できることを、1つひとつこなしていくこと。また、身体からのアプローチがメンタルに良い影響を与えやすい傾向があるので、睡眠や栄養をしっかり取って、軽めの運動を心がけると良いでしょう。ネガティブな感情が緩和されていきます。

数秘5は頭の回転が早く危機管理能力が高すぎて、周囲が思いつきもしないほどのリスクや最悪の状況を想定してネガティブになり、身動きが取れなくなってしまうことがあります。しかし、不安やリスクを恐れて無難な選択をすると、今度は不完全燃焼感を抱えてしまうことに。

とことん考えてしまってもOKですが、「もう考えても仕方ない！」と感じたら、何か環境ややり方を大きく変えてみるなど、勇気を出して思い切ったチャレンジをしてみましょう。これは、数秘5に挑戦や変化を求める性質があるため。大きな変化が心臓に悪い……という方は、いつものルーティンを変えてみるなど、小さな変化から始めてみるのがおすすめです。

数秘
6

　数秘6は、みんなに喜ばれ、好かれることを意識する性質ゆえに、逆に「嫌われているかも？」「責められているかも？」と周囲の目が気になり、不安になることがあります。そんな時は頑張りすぎているため、周りの人を手助けしたり喜ばせるのをお休みして、「自分を大切にすることが必要だよ」というサイン。

　感じの良い接客をしてくれるお店へ行く、いつもより念入りに肌のお手入れをする、とっておきのお茶を淹れるなど、自分を"おもてなし"してあげましょう。自分を心地良い状態にすることで視野が広くなり、周囲にとって心地良いこと、喜んでもらえることが、よりクリアに見えるようになります。

ネガティブ思考・考えすぎる

ネガティブと共存するのが
おすすめな数秘

2 & 9 & 11

　このグループは慢性的に自分の考えがはっきりしない感覚を抱えていることが多いタイプ。ネガティブな感覚との "共存" を目指すことで、気持ちが楽になっていきます。

お悩み **3**

ネガティブ思考・考えすぎる

数秘 2

数秘2はいろいろな場面で「でも……」という考えが出てきてしまい、自分の意見をはっきり言えないところがあります。しかしこれは、「プラス面とマイナス面」「自分と相手」など、相反するものを「どちらも良い」と見ることができる、優しさゆえの性質なのです。

数秘2はポジティブな気持ちとネガティブな気持ちの両方を共存させることで、心が安定するという性質を持ちますが、もし、今「しんどい」と感じているのなら、ネガティブにかたよっている可能性大。そんな時は「こういうポジティブな見方もできるよね」と、意識的にネガティブとポジティブが共存する“バランス”を取っていくことで、気持ちが楽になるでしょう。

数秘 9

数秘9がネガティブな感覚を持ってしまうのは、周囲の言動や価値観が受け入れられない時が多いでしょう。しかし、それは自分の好き嫌いによるものではなく、「考え方は人それぞれ」と捉えたいと願う、寛容さがあるため。つまり「人それぞれ」だと受け流せない自分を、つい責めてしまうのです。

そんな状況になった場合は、「私も人間だから仕方がないよね」と、まずは自分自身に寛容になってみること。自分に寛容になることで周囲の些細（ささい）なことにも寛容になることができ、徐々にネガティブ思考から抜け出せるでしょう。

数秘
11

　数秘11は直感に従って行動してしまうタイプです。その分、感受性が豊かで、周りの感情を敏感に受け取る性質があるため、ネガティブな視線を人から向けられた時、相手の感情に共鳴しすぎて、前触れもなくネガティブな感覚に襲われてしまうことがあります。

　ただ、数秘11が自らの直感を無視したり、気持ちを抑えてしまうことは、あたかも目や耳を塞いでしまうようなもの。また、数秘11がキャッチする直感は、自分や周囲が"より良く生きる"ためのものです。数秘11にとって"より良く生きる"とは、言い換えれば"嘘がなく自然体で生きる"ことが目的ですが、残念ながらそれが必要ない人もいます。

　そこで、キャッチした直感に対してどう反応するかは、あくまで相手の自由と捉えた上で、自分の感性を大切にしていくと良いでしょう。

ネガティブ思考・考えすぎる

落ちるととことん
ネガティブになる数秘

1 & 3 & 33

　このグループの数秘たちは常にポジティブな印象があ
りますが、ネガティブスイッチが入るととことんネガ
ティブになってしまうタイプです。

数秘1は自分が否定される出来事が積み重なると、ネガティブスイッチが入ってしまいます。すると、見聞きするもの全てが自分を否定するかのごとく、極端に捉えてしまいがち。

数秘1が元気でいる秘訣は、自分が自分の一番の味方でいてあげること。そこで、まずは頑張ってきた自分を褒めてあげてください。いつも全力を出すストレートな気質ですから、パワーが枯渇してしまう時もあって当たり前。落ち込んだ時は力を溜める期間だと捉えて、ふたたび動き出したくなるタイミングを待ちましょう。

数秘3がネガティブに陥ると、今現在うまくいっている関係性や評価であっても壊してしまうことがあります。これは、数秘3にストレスに敏感だという繊細な面があることも一因ですが、堅苦しい雰囲気や気ままに振る舞えない状況や、自分へのイメージや評価が固まってしまうことに、知らず知らずのうちに"窮屈さ"を感じているためです。

自由に日々を楽しめるよう工夫する数秘3ですが、楽しくない時は「楽しくない」「悲しかった」と、正直な気持ちを吐き出せる場所を作ることで、元気を取り戻しやすくなります。

数秘33がネガティブになってしまうタイミングは、ランダ

ムに訪れます。これは普段しっかりしようと頑張っているものの、自分をうまくコントロールできない不満感や常識とのはざまでプレッシャーが溜まってしまい、ふとした時に爆発してしまうためです。

　数秘33の中には自由な数秘3の性質と、相反して周りとの調和を大切にする数秘6の性質が共存しているため、これらを矯正するのは大きな負荷となり、逆効果になります。そんな時は、激しい鬱憤（うっぷん）を出し切ればケロリと元気になれます。安心して大声を出したり身体を激しく動かせるシェルターのような場所を作っておく、紙にひたすら何かを書き殴ったりビリビリ破ったりするといった、自分にも周りにもダメージの少ないストレス発散法を見つけて、心の嵐が過ぎ去るまで乗り切りましょう。

ネガティブ思考・考えすぎる

考えすぎちゃう数秘

7 & 8 & 22

このグループはもともと思慮深く、物事をよく考える タイプですが、外部との摩擦が大きくなると、ネガティ ブになりやすい傾向があります。

お悩み 3 ネガティブ思考・考えすぎる

数秘7は物事を深く考える性質から、本質を追求するうちに哲学的な思考に迷い込み、ぐるぐると考え込んでしまうことがあります。ときには、「生きる意味」や「生死」といった普遍的で、答えの出ないようなことにまで考えが及び、それが原因でネガティブに陥ってしまうことも。

深く考えること自体はまったく問題ありませんが、答えのない事柄に興味の矛先が向いて、自分の感情を理屈で説明することができず、より苦しくなってしまう時もあります。そんな時は、「自分は今、どんな感情を感じているのか」と自分の心を観察し、その感情を表す言葉を探してみましょう。そうすることで感情を客観的に捉えることができ、心も落ち着いてくるでしょう。

周囲からは何事にも動じないように見られる数秘8ですが、ネガティブな状態の時は失敗を恐れ、萎縮してしまいがち。これは、結果を出せる確信が持てない時に、本来の行動力や粘り強さを十分に発揮できなくなるためです。

ただし、だからといって本来の能力よりも下に目標を設定して物事をこなしても、達成感が得られず、よりネガティブな気持ちを抱いてしまうことに。そんな時は、できる範囲のことをたくさんやるか、目標レベルを少しずつ段階的にあげていくことで、自分に力があることを再確認でき、ポジティブさを取り戻していけるでしょう。

数秘22がネガティブに陥ってしまうと、イマジネーションが何も浮かばなくなってしまいがち。これは、元来持つ直感力を使わず、物事を理論的に考えすぎているサインかもしれません。

　もちろん理論も大切ですが、数秘22は感受性・直感にも平等に比重を割くと心が楽になります。たとえば日記をつけるのもおすすめ。「ほっとした」「モヤっとした」など、感情を言葉にしたり、直感的に感じたことを記録していくことで、感覚のバランスが取れていきます。次第に、イマジネーションも湧いてくることでしょう。

繊細・
気がつき
すぎる

見るべき数秘

メイン **LP**　サブ **D** **S** **P** **B**

※ここでは「繊細」を「周りの細やかなことが気になりやすい方」「感情が細やかで傷つきやすい方」と広く定義します（HSPなどの心理学的概念に限りません）。

アドバイス

> 繊細な人は、
> 感情が細やかで傷つきやすい

> 数秘ごとの繊細さが役立つ面や
> しんどいポイントを緩和する方法は？

> どのくらい強く繊細さが出るかは、
> 同じ数秘の中でも個人差がある

数秘別解説

繊細・気がつきすぎる

相手の顔色を気にしすぎる数秘

2 & 3 & 6

　このグループは、相手の気持ちの動きを敏感に感じ取りやすい数秘たちです。相手の顔色を気にしてしまいがちですが、それは相手のことを想うからこそ。

数秘2

数秘2は共感力が高く、相手のことを自分ごととして受け取る傾向にあります。自分の感情が相手の気分次第で大きく揺れ動くので、しんどさを感じることもあるでしょう。特に、相手の機嫌が悪い時は、相手を優先する優しさから、数秘2はつい自分が悪いと思ってしまいますが、実のところどちらも悪くない、という場面も多いはずです。しんどい時は、少し相手と距離を置くなどの対処をしてみてください。

数秘3

数秘3は、相手が笑顔でいるかどうかにとても敏感です。特に、相手が笑顔でないと怒っているかも！と無意識に考えてしまいがち。しかし、実際は怒っていないことも多いので安心して。相手の様子に戸惑ったら、まずは深呼吸を10回してみましょう。無理に笑わせようと頑張るのではなく、自分のリラックスを優先する方が、結果的に相手も心が和らぎます。

数秘6

数秘6は自分のやることで周囲を喜ばせたい気持ちが強いため、人の嬉しいこと、嫌なことをよく観察し、先回りして気を遣います。困っている人に気がつきやすいため、グループや組織では、みんなに目を配る調整役を担う人も多いでしょう。とはいえ、しんどい時は心地良く気遣える範囲にとどめて、無理なく休息を取ることが大切です。

繊細・気がつきすぎる

人が気にしない細かいことまで
つい見てしまう数秘

4 & 7

このグループは、細やかなことが気になりやすい数秘たち。曖昧な部分を見過ごせず、生きづらさを感じてしまうこともありますが、それは、問題点を洗い出す力があるからこそ。

数秘 4

数秘4は、期限や手順など、物事を進める上でわからないところがあると混乱してしまいます。そのため、周囲からは些細（ささい）なことを気にしているように見られがちです。しかし、決まった秩序を守ることを大切にする数秘4にとって、曖昧な部分を判断基準がないまま自分の一存で決めることができなくても仕方ないのです。

もし調べてもわからないことがある時は、一旦「仮」で押さえるのがおすすめ。変更がある前提で余裕を作って進め、安全か確認しながら曖昧な部分を固めていきましょう。

数秘 7

数秘7は違和感にとても敏感です。周りの人が気にも留めず、さらっと流せることが気になってしまう繊細さを持っています。それは、数秘7が本質を捉えようとするため。

相手の使う言葉の定義や、意図が曖昧だと納得できず突き詰めたくなります。周囲に「気にしすぎるな」と言われても、気になってしまうのです。突き詰めることを止めることはできませんが、この繊細さが仕事のクオリティの高さに結びついています。

お悩み 4

繊細・気がつきすぎる

受け取る情報量が多すぎる数秘

9 & 11 & 22 & 33

　このグループの数秘たちは特に感受性が強いため、相手の言葉に込められた感情や本来の姿を無意識に感じ取ることができます。理屈では説明しづらいことも多いため、自分でも「なぜしんどいのかわからない」ということも。

数秘9

　数秘9は相手の考えや感情を無意識に理解します。この対象は知人、他人問わずで、常にたくさんの人の感覚を把握しながら、周囲に求められている行動を取ります。したがって、1日が終わる頃には膨大な情報量を対処していることに。自分が思うよりもたくさん頭や感覚を働かせているので、ぼーっとできる時間を作って、リセットすることを心がけましょう。

数秘11

　数秘11は周囲の放つ感情や雰囲気に敏感に反応し、多くのことをキャッチする傾向があります。そのため、人が多い場所では情報が過剰になりがちです。特に、ギスギスした場所ではつらくなってしまうので、なるべく距離を置いて。できるだけ、自分の気に入った雰囲気のもの、心地良い場所に囲まれる時間を多く取るように、心がけましょう。

数秘22

　数秘22は全ての人が平穏になるように考えます。身近な人だけでなく、地球の裏側で起こる事件も自分ごとに感じてしまう上に、広範囲に行動するので、常に頭も心も情報量でいっぱいです。しかし、すぐに解決できることは少ないので、心のしんどさを緩和するためには、まずは身体からアプローチをしましょう。身体の丈夫さは、心の丈夫さにもつながっていきます。ストレッチだけでもしっかりと。

数秘
33

　数秘33は周囲の感情に敏感で、同じものを見ても人より多く
の情報をキャッチします。さらに自分の内面がコロコロ変わる
ことに翻弄されて、しんどさを感じやすいでしょう。頭の中の
情報量を減らすには、積極的に楽しいことができれば一番です
が、不要な紙にペンでモヤモヤを乗せるイメージをしながら、
ぐるぐる落書きするだけでも気持ちが楽になってきます。

繊細・気がつきすぎる

繊細に見えないけれど
ガラスのハートを持つ数秘

1 & 5 & 8

　このグループの数秘たちは一見繊細には見えない、そう思われたくない人も多いのですが、繊細ポイントは存在します。そこを突かれると機嫌が悪くなったり心が折れやすくなったりしますが、強がりすぎず、自分を大切に。

数秘1は一見あまり繊細には見えませんが、自信を失いやすい傾向があるため、自分への否定と受け取れる言葉や行動には、敏感に反応してしまいます。数秘1にとって一番大切なことは、何より自分が自分を信じてあげること。「これだ!」「何か違う……」といった感覚がある時は、周りの意見に流されず、自分の感覚を大切にしてあげてください。

数秘5は自分をスマートに見せたいという気持ちが強く、周囲からカッコ悪く見られることにひどく傷つきます。しかし、その繊細ポイントは裏を返せば、生来のエンターテイナー気質によるもの。演出によって人を楽しませたいという気持ちの表れなので、自分のカッコ悪さすらもネタやドラマにすると、落ち込みにくくなります。

数秘8は向上心が高く、とかく他人に「弱さ」や「甘え」を見せることに敏感です。そのため、人に頼ることはおろか、なかなか弱みを見せることができません。しかし、強さを貪欲に求める数秘8こそ、ときに弱さを見せる勇気を持つことで、より心が強くなります。苦手分野を周囲に任せれば、大きな結果にもつながることでしょう。

数秘術って運命や
未来は占わないの？

　「占い」というと、運命や未来を見るものだとイメージされる方は多いようです。実際に、数秘術にもさまざまな流派や読み方が存在します。前世や運命を見る流派も多く、また西暦のみや特定の日付を数秘にして、未来を読み解く使い方をされている方もいらっしゃいます。

　しかし、私は数秘術で運命を見ることはしていません。なぜなら、数秘術は数秘それぞれのキーワードがとても多いので、"自分の人生を自由に選ぶためのツール" だと感じているからです。

　たとえば、数秘4のキーワードの一例として、「枠からはみ出ない」という性質があります。ルールに収まることを心地良く感じている方は、今とても良い環境にいると考えられます。しかし、LP や D、S などの組み合わせや状況によっては「枠からはみ出ない」ことが不安に感じる方は「自分のペース」という性質に重点を置いて、自分が心から安心する場所を探すという選択をしても良いのです。

　そのため、私は、数秘術（脳内住人たち）は「自分の最適な人生の選択肢の範囲を教えてくれる、心強い味方」だとお伝えしているのです。

　また、数秘術で未来を見ることについては、春夏秋冬が流れているようなものと捉えています。天気予報のような感覚でお伝えしていることはときどきありますが、ぜひ、脳内住人たちとともに、自分で未来を作っていくためのヒントと捉えていただければ幸いです。

コミュニ ケーションが 苦手

見るべき数秘

メイン **LP** サブ D S P B

アドバイス

苦手な付き合い方や
コミュニケーションの仕方は
無理に取らなくて大丈夫

「苦手なものは仕方ないな〜」と捉えると
不思議と気持ちが楽になる

周囲も「それがあなただもんね」と
徐々に接し方を変えてくれるはず

数秘別解説

何気ない会話が苦手な数秘

4 & 7 & 8 & 22

このグループの数秘たちは、物事を冷静に捉えて、リアクションも冷静なタイプ。たとえば仕事での事務的なコミュニケーションは問題ないものの、日常での何気ない雑談のような会話に苦手意識を持ちやすいメンバーです。

数秘4

数秘4は、常に客観的な判断をするため、起こった事実と、それに対する感情を切り離して考えます。それゆえに、オンオフはきっちり切り替えて、作業中に雑談をすることを好みません。また、決められたことをきっちり実行することが得意な分、答えがなく活用しどころが見えない世間話も苦手です。周囲が世間話を始めると、一歩引いて「時間は大丈夫か、ルールは守られているか」などが気になり始めてしまいますが、これは数秘4が安全をキープしようとする性質を発揮している状態。

一歩引いてみんなを観察できる距離感が数秘4にとってちょうど良いので、無理に話に入ろうとしなくても大丈夫なのです。もし仲良くしたい人がいる場合は、自分が話せる時に、相手が安心できる話題を意識して、ゆっくり距離を縮めていくと関係が長続きするでしょう。

数秘7

数秘7は、本音で生きることを大切にしているので、お世辞や上下関係による遠慮が必要な付き合いなどは苦手。合理的な考え方をするので、相手に時間を取らせまいと最小限の言葉で伝えようとした結果、言葉足らずで伝えたいように伝わってくれないことも。

そんな数秘7は、1人で過ごす時間をこまめに取ることが必要です。なぜなら、本音で生きるために、さまざまな角度から物事を考察・検証するため、集中している時や自分の考えを整理している時は、周囲に対応する余裕を持てないからです。

一方で、「孤立したくない」という寂しがりの一面も持ち合わせていますが、無理に本音で過ごせない人たちと過ごすと、寂しさやイライラを増大させてしまうことに。周囲のことを煩わしく感じる時は、なるべく1人で過ごしてOKです。

数秘8は、頑張って成果を得ることを大切にするので、ダラダラとした時間を過ごすことを嫌がります。そのため、同じ熱量で物事に当たれない人たちと折り合いが付きにくいところがあります。また、周囲の人と結束して目標を達成したいという想いがあるため、個人主義タイプとのコミュニケーションは、少々苦手かもしれません。

しかし、数秘8は周りから見える自分と内面とのギャップが大きいため、あえて内面を見せることで、コミュニケーションが改善される可能性があります。たとえば、数秘8は「良いと言われるものは、考えるより先にまずやってみる」というタイプ。しかし、なぜそれが必要なのか、相手に理論的背景を説明しておらず、理解を得られていないという可能性もあります。そこで、まず先に自分がやることについて熱く語ってみることで、理解者が増えるかもしれません。

また、余裕がないにもかかわらず、周囲から「あの人は大丈夫」と誤解されている可能性も。しんどい時は、過剰なくらいのアピールをすると伝わりやすくなるでしょう。

数秘22は、地球の反対側に住んでいるような人のことでも"自分ごと"に感じるような、世界規模での共感力と視野の広さを持っています。しかしそれゆえに、<u>自分と比べて「周囲の人の視野が狭すぎて、話が合わない」</u>と感じることも多く、コミュニケーションに疲れを感じてしまうこともあるでしょう。また、直感が鋭く共感性が高いという性質から、自分は相手のことをしっかり理解しているのに、相手は理解してくれないといった感覚も、疲労の原因に。

そこで、コミュニケーションがうまくいかない時やネガティブな感情を抱いた時は、<u>相手の言動に対して「正しいか、正しくないか」で判断していないか</u>をチェックしてみましょう。そして、正しいかどうかはさておき、<u>「自分は『嫌だ』と感じているんだ」という自らの気持ちを、まずは尊重してみてくださ</u>い。気持ちが楽になって、柔軟なコミュニケーションを取りやすくなるはずです。

コミュニケーションが苦手

なぜか相手を怒らせちゃう数秘

1 & 3 & 33

　このグループの数秘たちは、自分の気持ちに正直なタイプ。そのため、相手に合わせた振る舞いが苦手です。「余計な一言が多い」と言われてしまい、自分を抑えてしまう方も多いかもしれません。

数秘1

数秘1は、思いついたままの言葉を、裏表なくストレートに発言できるタイプです。たまに言いたいことと反対の言葉が口から飛び出ることもあり、そんな自分を責めてしまうことも。

ストレートな発言はまっすぐな気性ゆえで、必ずしも悪いことではないのですが、トラブルの原因になってしまうこともあるでしょう。そこで、可能であれば発言する前に何を言いたいのかを頭の中に浮かべて確認したり、メールなども送信ボタンを押す前に読み返せると良いのですが、感情が昂っている時は、そのひと呼吸が難しいかもしれません。

そんな時は、相手に真摯な態度を見せることで、コミュニケーションがスムーズになります。事前に「自分はこう思っている」と話す癖をつけることで、相手も攻撃されていると感じにくくなることでしょう。また、「言いすぎた」と感じた時や相手の気分を害した時は、自分を責める前に相手の目を見てストレートに一言、「ごめんなさい」と謝ることがおすすめです。

数秘3

数秘3は、朗らかで天真爛漫な性質から、「一緒にいると楽しい」と言ってもらえることが多いでしょう。しかし、ストイックなタイプや真面目なタイプに対しては、その天真爛漫さが裏目に出てしまうことがあります。数秘3の無邪気な発言がたまたま相手の逆鱗に触れてしまったり、場を盛り上げようとした行動が、ルールから逸脱してしまうことも。

周囲を笑顔にしたいと願った発言が否定されたり怒られたり

すれば、当然落ち込み、萎縮することも多くなるでしょう。しかし、怒られないよう顔色を窺いすぎると、余計に相手を苛立たせてしまうことに。「注意されたら、その時に謝ろう！」と、楽観的に割り切って行動してみると、持ち前の明るさが発揮されて、思ったより怒られることが少なくなるでしょう。

　また、話が長いお説教タイプの方からのお叱りを受ける時は、きちんと話を聞こうとすると逆に意識がそれてしまうので、「睨めっこをして真面目な顔をしている」と想像するなど、アイデアを工夫して乗り切りましょう。

数秘
33

　数秘33は、自分も周りも飾らずオープンな心で接することを大切にします。相手の本性を感じ取る力があり、どんな本性であろうと肯定して接する懐の深さがあります。しかし、人は必ずしも自分の本性を肯定的に捉えているわけではありません。見たくない自分を暴かれるような感覚になり、怒る人もいるでしょう。

　そこで、「噛み合わないかも」と思う相手には、「この人は、今オープンになりたくない時期なのかも」「心を開くかどうかも、それぞれの自由」と考えると、少し楽になります。

　また、数秘33の人の良さは利用されたり、依存されてしまうことも。疲れを感じながらも頑張ってしまい、気づかず溜め込んでいた不満を爆発させてしまった経験があると、自己嫌悪から、コミュニケーションに苦手意識を持つ人もいることでしょう。自分の接し方で笑顔にできない人とは、距離を置いてもOK。これはお互いに心地良い距離を保つための策なので、決して相手を見捨てることにはなりません。

コミュニケーション得意に 見られるけど、実は…な数秘

5 & 6

　このグループの数秘たちは、一見コミュニケーションが得意だと見られがちですが、さまざまな人とうまく付き合える反面、肚を割った本音のお付き合いは苦手なことがあります。

数秘5は、常に相手にどのように接して、どんな自分を見せて楽しませるかを考えています。そのため、心づもりができていないカッコ悪い自分を見せることに大きな抵抗があり、「肚を見せろ」と言われると、言葉巧みに相手を煙に巻くことも。自分をさらけ出すことに抵抗があるのは、数秘5が大きなトラブルに見舞われる回数が人より多いことや、リスク管理意識の高さに原因があります。そのため、情報が揃うまで自分の全てを見せることが多少難しくても、仕方のないことなのです。

しかし、本当に大切にしたい相手には、勇気を出して飾らないカッコ悪い自分も見せてみましょう。自分を安心して見せられる、信頼できる相手がいると、気持ちが楽になります。

数秘6は、自分の頑張りで周囲を喜ばせようとします。そのため「相手はこの言葉をどう捉えるか」を常に考え、相手に合わせて言動を変えることができます。その性質ゆえ、ときに自分の意見がわからなくなったり、気持ちが正しく伝わらないことを恐れて、付き合う相手選びが慎重になりすぎることも。また、自分のために相手が心を砕いてくれることを申し訳なく思うがために、心を開くことにも遠慮しがちに。

しかし、普段からいろいろと気遣ってくれる数秘6を「理解したい」「喜ばせたい」と好ましく思っている人たちが、確実にいます。素のあなたを見ることが「嬉しい」と感じる人も案外多いということを、心の片隅に置いておいてください。

コミュニケーションが苦手

数秘2・9・11の
コミュニケーションの悩みどころ

2 & 9 & 11

　このグループの数秘たちは、周りの行動を受けて自分の言動を調整するタイプ。主体的に自分の意見を述べたり、自ら主張するコミュニケーションを苦手としがちです。

数秘2は、自分が好意的に感じている相手と「同じ感覚を共有したい」という気持ちを抱きます。しかし、その性質のために無意識に相手を優先して合わせようとするので、自分で自分の意見を把握しにくくなることも。また、好きなことを主張する時や人と同調している時ははっきりした意見を述べることもある数秘2ですが、「良いな」と思う物事に対して、反対の「良くないのでは？」という意見にも考えを巡らせて、自分を中立に保とうとする性質があります。そのため、どちらかの派閥に所属してしまうと、どこか居心地の悪さを感じたり、意見が曖昧（あいまい）になってしまうことがあるかもしれません。

そこで、はっきり嫌だと感じることは勇気を出して「嫌だ」と伝えるようにしつつも、そうでない部分は曖昧なままでOK。曖昧な部分や高い柔軟性があるからこそ、まったく違う物事や対立意見からも共通点を見出して結びつけることができるためです。これは、数秘2の才能と言えるでしょう。

数秘9は「何でもアリ」と、相手に理解を示すスタンスを持っています。しかし、裏を返せば、物事を「これだ」と決めるのが苦手だということ。はっきりとした返事ができないことで、話の流れが面倒な方向に向かった経験があるかもしれません。また、断ることも苦手なので、自分のキャパシティ以上の仕事を任されてぐったり疲れてしまう、やりたくないことをずるずる続けざるを得ない、長時間グチを聞かされてなかなか解

放されない、といった事態に陥ってしまうことも。

「しんどい」と思っても主体的に行動を変えるのが苦手な数秘9にとって、身体の調子は気持ちのバロメーターです。<u>身体がしんどい時は、人と関わることに疲れているサインなので、身体の声に耳を傾けましょう。</u>また、疲れてしまう前にできることとしては、「これはあんまり」「ちょっと嫌だなあ」と感じたら、しっかり相手に伝えること。数秘9はピンポイントで「嫌だ」と思うこだわりがあるので、それを伝えることでコミュニケーションが円滑に進むでしょう。

数秘
11

数秘11は、直感力が強み。いつも「直感に突き動かされている」という感覚を持っているので、自分で主体的に動いている感覚は薄いかもしれません。もちろん、同じ想いだと感じる人、尊敬できる人たちとつながる場合は主体的になることもありますが、基本的にはフィーリングのままに動いていると感じることが多いでしょう。そのため、<u>自分の取った言動を次の瞬間には忘れている、改めて意見を求められて焦る、ということもし</u>ばしば。「そんなこと言ったっけ？」と、コミュニケーションでやりづらさを感じることもあるでしょう。

しかし、<u>数秘11の直感力はとても優れているので、自分のフィーリングに従うことが、コミュニケーションにおいても、もっとも良い結果をもたらします。</u>改めて意見を求められた場合は、まずは深呼吸してリラックス。その時思い浮かぶことの中で、自分がしっくりくる言葉をひとつずつ話してみてください。以前の言動を詳細に思い出して再現するよりも、残っている感覚をもとに、表現し直す感覚で伝えてみましょう。

人見知り・内気

見るべき数秘

メイン LP P

※心配ごとはLP、周りにどう見られるかは
Pで見るのがおすすめです。

アドバイス

初対面のシーンや慣れない場では、
緊張したり疲れて当たり前

付き合いにくい人とは
距離を置く方がお互いのため

無理に直さなくても、
良い人間関係は築ける

数秘別解説

人見知り・内気

わかりやすく人見知りな数秘

2 & 11

「人見知り」とわかりやすいのはこの数秘たち。自分自身の認識としても、周囲からも「人見知りだ」という印象を抱かれやすいでしょう。

数秘
2

数秘2は、相手からのアクションを受けて自分の行動を合わせていく、受け身気質を持ちます。そのため、自分から積極的に話しかけることが苦手で、人見知りしやすいと言えるでしょう。

もし誰かと一緒にいないと不安になる場合は、良いと思う雰囲気の人たちの側に立っているだけでもOK。数秘2は聞き上手なので、相槌を打つだけでも相手にとって心地の良い存在になれるでしょう。また、大勢に合わせるよりも「1対1」でのコミュニケーションが得意という傾向があるので、人の輪の中に入る場合は、今後メインで交流したい人を探す感覚でいると、気持ちが楽になります。

数秘
11

他人の感情を敏感に感じ取る数秘11は、相手が自分に合うタイプかどうか、どう振る舞うべきかを直感的に把握できるまで、不安から人見知りになってしまいます。反面、「人とどんどんつながるべき」という考えも持っているため、相反する気持ちが葛藤して焦ることもあるかもしれません。

しかし、そんな時こそ自分の感覚を信じてみましょう。もし違和感を覚えるなら、なるべく距離を取った方がお互いにとってベスト、というサインです。

人見知り・内気

そう見えないけど
実は人見知りな数秘

5 & 6 & 33

このグループの数秘たちは、周りから見ると人見知りがまったくないように見えるのですが、当の本人は人と接するのに緊張感を抱くこともあるタイプです。

数秘5は、自分の知識を共有したい気持ちから、豆知識など
をどんどん盛り込んで話した結果、結局何を伝えたいのかわか
らなくなったり、「周りの注目を得られるはず」と思ってやっ
たことが予想に反して響かなかった経験が過去にあったかもし
れません。そんな経験が多いと、人と話す時に過剰に緊張して
しまい、自分は人見知りだと感じることもあるでしょう。

「もっと理路整然に話さなければ」「さらっとこなせなけれ
ば」と思うかもしれませんが、周りの人の中にはスマートにこ
なせない状態のあなたを面白いと思っている人もいます。持ち
前の臨機応変力で対応できるので、「何事も体験でネタにな
る!」という気持ちで臨むと、緊張しながらも良い時間を過ご
せるでしょう。

数秘6は、「みんなが心地良く過ごせるように」と周囲に気
を配ります。それゆえに自分の言動にも厳しくなり、素の自分
を見せることに抵抗が出て、人と打ち解けられないと感じがち
です。

でもそれは、責任感の強さの裏返し。周囲の関係のバランス
を考えた結果、誰にでも本音を見せられないのです。「全員に
好かれなければ」と考えることも緊張の一因ですが、素を出す
ことが必ずしも好かれることに一致しないため、無理に自分を
さらけ出す必要はありません。

数秘33

　数秘33は、初対面で相手との適切な距離感を掴むのが苦手な傾向にあります。長年の親友のように親しげに接したと思えば、急に他人行儀になってみたり。人との距離感を適度に保てないことを本人も自覚しているため、そうは見えなくても、内心は慎重になりがちです。

　もともと、頑張っても内面はコロコロ変わってしまう性質のため、あえて「不思議な雰囲気の人だ」と把握してもらった方が、長期的に付き合いやすくなるでしょう。「普通にしよう」と力むより、「ただその場を楽しもう」と考える方が、実は、周囲もコミュニケーションを楽しむことができます。

内気なこともある数秘

1 & 3 & 8

　このグループの数秘たちは両極端で、まったく人見知りしない傾向の人もいれば、周りの反応が気になってオドオドしてしまう傾向の人もいます。

数秘1

　数秘1は、その個の強さゆえに「出る杭は打たれる」経験が多い場合は、自分に自信が持てず、オドオドしてしまうことがあります。しかし、独自性が強いタイプのため、周囲に合わせようとすると、逆に悪目立ちしてしまうことに。「それでも目立っても良い」と開き直って大胆に振る舞うようにすると、不思議と周囲の反応が気にならなくなっていきます。

　また、言いたいことがあるのに「口にすると否定されてしまうかも」という不安がある時は、「あくまで自分の場合は……」と前置きをしてみたり、会話の切れ目で話し始めることを意識すると、言いたいことが伝えやすくなるでしょう。

数秘3

　数秘3は、内気なタイプに見られることもありますが、それは本人が「人と関わるより、空想の中にいる方が楽しい」と感じている場合によく見られるでしょう。

　自分でもその状況に居心地の悪さを感じていないので、他人からの評価を気にして頑張って馴染もうとしたり、笑いを取る必要はありません。数秘3はその天真爛漫さから、その場にいるだけで周囲に楽しい雰囲気をもたらすことができるからです。したがって、自分が楽しめることを一番に考えて、工夫してみましょう。

　数秘8は、周囲からはそう見えないことが多いのですが、場慣れしていない状況では自分がうまく振る舞えるイメージが持てず、人見知りしてしまうことがあります。

　逆に、その場で自分が何をすべきかというゴールや目標さえはっきりしていれば、パワフルに動けて、自分の力を発揮していけるでしょう。そのためには、新しい環境について事前に調べたり、人脈や知識など、あらかじめ自分が何を得たいのか、具体的に決めておくことがおすすめです。

人見知り・内気

心のパーソナルスペースを
キープしたい数秘

4 & 7 & 9 & 22

　このグループの数秘たちは「もっと人と親密になった方が良いのかな？」と不安になる方もいますが、心のパーソナルスペースを広く保ちたいタイプなのでそのままで大丈夫です。

数秘4は、常に冷静でいようとし、安心・安全な環境を求めます。それゆえに、周囲が盛り上がっている状況にいると、気持ちが冷めてしまうところがあります。

「輪の中に入らない自分は内気すぎる」と自己嫌悪するかもしれませんが、無理にノリを合わせようとしなくて大丈夫。数秘4はミスや危険を防ぐため、客観視できる距離にいてトラブルを防ごうとしているのです。また、この距離感は冷静を心がける数秘4にとって心に波風が立ちにくく、心地良い状態です。

数秘7は興味のある会話には参加しますが、そうではない場合は、「その場に一緒にいられれば十分」と感じて自分の世界に入ってしまうタイプ。さらに、集団で長時間過ごすのもキャパオーバーになり、しんどくなってしまいます。

数秘7が人と過ごすことへの抵抗を少なくするには、あえて1人になる時間を作ることを自分に許してあげることです。人と過ごす時間も、「○時まで」など制限をつけて事前に相手に伝えることで気持ちが楽になります。

数秘9は、高い理解力で周囲の人たちの様子を察し、自然に溶け込もうとします。しかし、周りが求めていることがまだ掴

めないうちは、人見知り状態になることがあります。数秘9は
とにかく目立ちたくないと考えるので、馴染めていない状態に
よって人の目につくのではないか……と緊張しますが、その場
にいるうちに何を求められているかを把握して、行動を柔軟に
合わせていけるようになります。そのため、流れに身を任せて
いれば大丈夫です。

数秘22は広い視野を持ち、立場の違う人の多種多様な考え
を汲みながら行動しようとします。しかし、周囲の人はそこま
で広範囲にわたって他人のことを考えられないことも多いで
す。そのため、「理想が高すぎる」と否定されたり、「わからな
い」と言われて、歩み寄ることすらしてもらえない経験が多い
と、「話が合わないなあ」と感じ、内気になってしまうことも。

そんな時は、無理に相手に共感してもらう必要もありません
し、共感できなくても大丈夫です。それでも、「自分がやるべ
きだ!」と思うことが見つかれば、どんどん人とも関わってっ
きます。それまでは、いろんな人を観察して、さまざまな価値
観を知っていきましょう。

書いてあることが
当てはまらない時は？

　この本では、数秘の性質やお悩みに対して、できるだけ多く
の方が当てはまりそうな状況をイメージして書きましたが、
「自分に当てはまらないな、ピンと来ないな」と感じる方もい
ると思います。

　というのも、数秘たちには、この本でご紹介している他にも
たくさんの性質があります。さらに、LP・D・S・P・Bなどの
組み合わせや周りの環境によっても、当てはまらないと感じる
ことがあると思います。当てはまらない場合は、自分は「この
状況になる環境ではないんだな」と思って、スルーしていただ
いて構いません。

　また、数秘の組み合わせや現在の状況によっては、他の数秘
やお悩みテーマの解説が当てはまる……ということもあると思
います。

　その場合は、メインで見ていただきたい数秘（主にLP）だ
けでなく、一緒に見ていただきたい数秘（サブ）も示していま
すので、それらも参考にして、自分に当てはまると感じた解説
を参考にしていただければと思います。

　ただ、本書のアドバイスは、数秘のキーワードをもとに書い
ています。やってみようかなと思った時や、現状に行き詰まっ
ていたり、いろいろと考えてやってみたことがうまくいかない
時などは、書いてあることにトライしてみると状況に変化が起
こるかもしれません。

イライラ・モヤモヤしがち

見るべき数秘

メイン **LP** サブ **D** **S** **B**

アドバイス

イライラ・モヤモヤは、
自分の数秘らしさを
発揮できない時に現れる

そんな時は
「自分を大切にして！」というサイン

自分の価値観で禁止していることを
行う人に対してもイライラ・モヤモヤしがち

数秘別解説

自分のペースを崩されると イライラしやすい数秘

1 & 4 & 5

　このグループの数秘たちは、自分のペースが崩れると イライラ・モヤモヤしがちになります。

　数秘1は、動く時は全力で走り抜けたいタイプ。そのため、考えることがたくさんあったり、マルチタスクで仕事を進めなければいけないなど、ひとつのことに集中できない状況にイライラしがちです。そんな時は一気に全てを片付けようとするのではなく、「まずはこれをやろう！」とひとつだけ決めて取り掛かりましょう。まずは簡単にできること、やりたいことから手をつけると、スムーズに進み始めます。

　数秘4は、手順をきっちり決めて、その通りにやりたいタイプです。そのため、途中で違う仕事や用事が割り込むなど、自分のペースが崩されるとイライラしてしまいがち。計画通りに行かず慌てそうな時こそ、まずは頭の整理をして、優先順位を立て直す時間を取りましょう。できることから確実にやっていくことで、冷静にやることを終わらせていけます。

　数秘5は、物事のやり方や手順がきっちりと決められていて、自分が自由にできる部分がないと感じると、モヤモヤしてしまいます。そんな時は気分転換がポイントに。意識的に気持ちに変化をつけたり、身体が軽くなるとイライラが軽減されます。休憩時間はなるべく外出をする、窓を開けて外の空気を吸う、ストレッチをするなど、こまめな気分転換を心がけましょう。

周りと自分のギャップに イライラしやすい数秘

7 & 8 & 22

　このグループは敏腕揃い。しかし、デキるがゆえに周りの価値観やペースと大きなギャップを感じてしまい、イライラしやすい傾向が。まずは自分の能力の高さを意識した上で、周囲と自分のペースや捉え方の差を容認すると、イライラする場面が減っていくでしょう。

数秘7は本質を見ようとするため、「どこを押さえておけば良いか」というポイントを感覚的に掴み、思い切った取捨選択をすることが得意です。そのため、あれもこれもと気が散っている人を見ると、イライラしがち。でも、そんな時はその人以外に対しても、何かとモヤモヤを抱えていることが多い可能性があります。

そんな数秘7の心を軽くするヒントは、実は「あえて合理的でないことをやってみる」こと。プライベートでも構わないので、ときには寄り道や遠回りをしてみたり、一見合理的でないことをやってみると、思わぬ気づきがあるかもしれません。

数秘8は周囲の才能や伸びしろを見出すことに長けており、また、その成長に自分が貢献したいと思う傾向があります。そのため、相手が本来の才能を発揮できず、宝の持ち腐れ状態になっていると感じると、思わずイライラしてしまいます。これは相手の力を信じる、情け深さの表れとも言えるでしょう。

また、数秘8は自身に厳しい側面があるため、自分にできることは周囲も普通にできるはずだと考えてしまいがち。思いがけず、接した相手のやる気を奪ってしまうこともあるかもしれません。そこで、相手に対しては、できている面を伝えた後に「こうするともっと良くなる」と伝えることで、相手の力をより伸ばせます。できていない面よりできている面に目を向けてみましょう。

数秘22はどんな人に対しても等しく大切に扱おうとする価値観を持っています。「みんな平等であるべき」という強い想いは、ときに高い理想となって、平等でなかったり割り振られたことを平等にこなせない人を見ると、モヤモヤしてしまいます。

そんな時は、「平等さ」ではなく「公平さ」に意識を向けてみるといいでしょう。つまり、全員が同じことができなくても、それぞれの人の状況や能力に応じてやることを分担し、全員が穏やかな気持ちでいられるかという視点を意識すると、モヤモヤも小さくなっていきます。

また、周りの人に自分の考えを伝える時は、数秘22にとっては当たり前と思っている「公平にしたい」という希望をあえて言語化すると伝わりやすくなります。

キチンと決まりすぎていることに
モヤモヤしやすい数秘

2 & 3 & 9

このグループは、反論の余地なく意見を押し付ける相手にモヤモヤしてしまいます。しかし、その場では「わかりました！」と答えるなど、ことを荒立てないようにする性質を持っているため、どこかでモヤモヤを昇華させることがポイントになります。

数秘 2

数秘2は、自分が好意を持つ人の相容れない意見を聞く分には、さほど抵抗ありません。しかし、「（自分はいいけれど）そう思わない人もいるのでは？」と思い、モヤモヤしてしまうことが。さらに、意見を受け入れられない自分自身にもモヤモヤしがち。そんな数秘2は、相反する意見や選択肢の両方を持ち合わせている方が気持ちが安定するため、「反対の意見もあっていい」と捉えることで、不思議とモヤモヤが小さくなります。

数秘 3

数秘3は意見を押し付けてくる相手の、強制的なニュアンスに弱い傾向があります。相手を怖がり、「怒られないか」を気にし始めると、心はさらに窮屈さを感じてモヤモヤしてしまいます。そんな時は、楽しい気分を味わえる時間を作ってみると心が楽になるでしょう。休憩時間に好きなものを食べたり、周囲の人と楽しいおしゃべりの時間を過ごしてみてください。

数秘 9

数秘9は「どんな意見もOK」という価値観を持つため、ひとつの見方に固まりすぎている状況に対しては、どこか息苦しくなるような重さを感じてしまいます。そんな時は、会社や学校からの帰りに、空を見上げてぼーっとしたり、休みの日には海を見に行くなど、頭が空っぽになるような感覚を意識的に得てみて。きっと、心と身体の重さが抜けていくことでしょう。

イライラ・モヤモヤしがち

周りのことを考えてない相手に
モヤモヤしやすい数秘

6 & 11 & 33

　このグループは周囲のことを考えていない人たちに気がつきやすく、モヤモヤしがち。しかし、他人のことはコントロールができないので、自分の心を客観視することでバランスを整えていきましょう。自分がイライラ・モヤモヤしていることを認識するのが楽になる第一歩です。

数秘6

　数秘6は自分の言動を相手がどう受け取るかを想像したり、気遣う力が高いです。そのため、相手が傷つくような言動をしている人を見ると、モヤモヤしてしまいます。そして、傷つくような言動をするのはなぜかを理解しようとしたり、傷ついた人の気持ちを代弁して場を調整し、取り持とうとします。

　この時のポイントは、自分がしんどくならない範囲で行うこと。無理のない範囲でできることこそが、周囲にとってもちょうど良いバランスとなり、それぞれの意思が活かされる場となることでしょう。

数秘11

　数秘11は自分と相手は対等でありたいという気持ちが強いため、自分だけ得しようとする人を見るとイライラしてしまいます。ただ、このような状態は、自分に必要なことに気づきやすい数秘11にとって、「自分に負荷をかけすぎている」というサインかもしれません。

　イライラを感じた時は、まず、言われていないことまで気を配り先回りして動いていないか、相手も行動なり感謝なりを返してくれているかをチェックして、あなたをフェアに扱ってくれない人とは、思い切って距離を置いてみましょう。また、マメにお気に入りのカフェなどで、心地良さを充電しておくことも大切です。

　数秘33は「自分も周囲も、両方が笑顔でいなければ!」と思ってしまう性質があるので、周りに笑顔がない状況にモヤモヤを感じて、とてもつらくなってしまいます。みんなが笑顔でいる方法を考えるのですが、その方法が個性的すぎて、逆に空回りしてしまうことも。

　まずはその場から一旦離れ、「しっかりしよう」「自分がみんなを笑わせなければ!」という考えを脇に置いて、お茶を飲むなど一息入れましょう。良いアイデアは心にゆとりができると、自然と湧いてくるものです。

緊張しやすい・あがり症

見るべき数秘

メイン **LP** サブ D S P B

アドバイス

緊張するのは、
その場を真剣に捉えている
責任感の現れ

周りの反応が気になったり
完璧主義が強すぎるかも

自分は何に緊張しやすいか、
緊張するとどうなるかを知ろう

数秘別解説

人の目を気にしすぎて
緊張する数秘

3 & 5 & 8

　このグループは「周りからどう見られるか」が気になりやすい数秘です。無意識にうまくいかなかった時の周りの反応を考えて、緊張してしまうことが多いでしょう。

数秘3は、「ちゃんとしなければ」という意識が強くなるほど、緊張しがち。それは、何が悪いかわからないまま怒られたり、過去に小さな失敗に対してひどく叱られた経験が原因かもしれません。また、「周囲を笑顔にしたい」という想いから、つい枠から外れがちな自分の行動をコントロールしようと考えるのですが、やはり、「ちゃんとしよう」と思えば思うほど、頭が真っ白になってしまったり、手が震えてしまったりと、結果として空回りになってしまうことに。

そんな時は、気持ちを吐き出して、まずは肩の力を抜きましょう。話しやすい人に「怖い！」「緊張する！」などと言えるとベストですが、メールでもOK。人と話せない環境であれば、好きな飲み物をひと口飲んで、緊張を和らげてみてください。

数秘3は愛嬌が武器。ですから、緊張しながらも自然に笑顔が出るくらいの軽い気持ちで取り組めばOKです。もし失敗したら、素直に謝りましょう。

数秘5は、危機管理能力の高さから、無意識に最悪の状況をシミュレーションしがち。自分のやったことが「スベったら？」「興味を持たれなかったら？」と不安になって緊張してしまうのです。それに加え、自分の想定通りに物事が進まない経験が多ければ、自分を信じられないこともあるでしょう。しかし、想定通りにならない状況こそ、数秘5のアドリブ力を発揮でき

る、良いタイミングなのです。

　マニュアル通りではなく、どんどん変化を加えて改良していきたいという自由な発想を持つ数秘5は、いざ物事がスタートして不安に思う状況に直面しても、これまで頑張ってきたことや経験を活用して、何とか最後までやり遂げることでしょう。

　また、数秘5は人に勇気を与える性質があります。緊張していても挑戦する姿は、結果に関係なく、多くの人に勇気を与えることを知っておきましょう。これを意識すれば、挑戦することを楽しみながらできるようになります。緊張には、ストレッチで身体をほぐすことも効果的です。

数秘8

　数秘8は、行動するからには得るものが欲しいと考えるタイプ。自分に厳しいプレッシャーをかけるため、失敗に対してとても大きな恐怖を感じてしまいます。また、周囲からの評価を大切にするため、「がっかりされないだろうか？」という不安がよぎり、さらなる緊張につながってしまいます。

　そこで、緊張する時は、自分と周りが得られるメリットに目を向けましょう。限界を超えて大きな目標を達成することに燃える数秘8は、失敗して失くすものよりも、成功して得られるものに目を向けることが効果的。

　それでも不安が残る場合は、まだやり残したことがあるかもしれません。1人で準備することが難しければ、思い切って人の力も借りてみましょう。目標達成への粘り強い気持ちが伝わることで、周りの人からの信頼も得られます。

自分に自信が持てずに
緊張する数秘

1 & 2 & 22

　このグループの数秘たちは、自分に対して自信が持て
ないことで緊張してしまい、本来の自分を抑えてしまう
ところがあります。

数秘1が緊張してしまう時は、どこかで「どうせ自分なんか何もできない」という気持ちを抱えているかもしれません。斬新な言動が悪目立ちしてしまったり、誰も行かない道を進もうとして理解を得られなかった経験から、自分を否定してしまう癖がついていることも。

しかし、数秘1は「やらない後悔よりやる後悔」が大切。自分が「やりたい」と思ったことをやらないのは、後々まで悔いが残ってしまいます。

数秘1が一番欲しいのは、人からの承認ではなく、自分で自分の感覚を信じてあげること。したがって、まずは全力でぶつかってみることが、自分を信じてあげることにもつながるのです。良い結果が出ても、思うような結果にならなくても、全力でぶつかろうとする自分を自分で褒めてあげてくださいね。

数秘2は、1人でステージに立ったり、自分の意見を求められるなど、自分に注目が集まると緊張してしまいます。どちらかといえば、数秘2は誰かのアクションを受けて行動することが得意なので、1人だとどう動いていいのかわからなくなり、ソワソワしてしまうのです。注目を浴びて「誰かに助けてほしい」という気持ちが湧いたとしても、仕方がないでしょう。

控えめな数秘2は、「ハキハキした態度で臨もう！」と力んでしまうと、より緊張してしまいがち。無理に張り切るのではなく、「心地良い時間になるように努めよう」と意識して、お

客さんの雰囲気や、対峙する相手の表情を見ることに注力すると、本来の力を発揮しやすくなるはずです。それまで力になってくれた人や、推薦してくれた人がいれば、その人の想いを信じることも、良い自信につながるでしょう。また、ゆっくりとした腹式呼吸を行うと、緊張が緩まります。

数秘22の緊張は、新しい環境に一歩を踏み出そうとしている時など、これからやろうとしていることに確信が持てない場合に起こりがち。数秘22のやろうとすることは、スケールが大きいためになかなか理解してもらいづらいのですが、一方で控えめな性質も持つため、気持ちがすくんでしまうなど、矛盾した感情を抱えることがあるのです。

しかし、データがどれだけあったとしても、取り掛かってみなければ予測できないことが、どうしても起こるもの。わからないことは不安で当たり前なのです。

数秘22は、決めなければならない「ここぞ」という時は不思議と味方が現れるので、やるべきことを地道にこなしていけば、しっかり成し遂げることができるでしょう。また、「自分がこれをやらなかった場合、周りの人がどう困るか」と思いを巡らせるのもおすすめ。きっと「やらないわけにはいかない!」と使命感が湧き、緊張感を払拭することができるはずです。

緊張しやすい・あがり症

完璧主義が強すぎると
緊張する数秘

4 & 6 & 7

　このグループは、物事を完璧にやろうとしすぎて緊張が強まってしまうタイプの数秘たちです。完璧主義が過ぎてしんどく感じる場合は、「完璧にしなくてもいいと思える部分」を把握することで楽になります。

　数秘4は慎重な性質です。絶対に失敗したくないと思ってしまうあまりに、同じところを何度も確認しないと落ち着かなかったり、計画を細部まで詰めすぎてしまうことがあります。問題が起こらないようにしっかりと準備するのは良いのですが、きっちり決めすぎてしまうと、想定外のことが起こった時に対応ができず、頭が真っ白になってしまうことも。

　数秘4は自分のペースでゆとりを持っている時が一番自分の力を発揮しやすいので、自分で緊張しているなと感じる時は、まずは深呼吸。気は焦るかもしれませんが、状況を把握し、自分ができることを整理して、1つひとつこなしていきましょう。また、大事な日こそ、いつも通りに過ごすのがおすすめです。

　数秘6は、責任感の強さから完璧に「良い人になろう」とする意識が強く、次第に対人関係での緊張感が増していく傾向にあります。人が困っているかどうかに敏感な性質も加わって、他人に迷惑をかけたりお節介を焼きすぎていないかなど、気になることも多いでしょう。

　しかし、「良い人になろう」とする気持ちは本来、「自分の言動で人を喜ばせたい」という優しさから来ています。そこで、迷惑かどうかではなく「相手は何に喜ぶのか？」という点に着目してみましょう。また、「良い人」の基準を「正しさ」に置いていると、正解がわからずに、自分も周囲も息苦しくなって

しまいます。そこで、「良し悪し」の基準を「素敵だと思う振る舞い」に捉え直してみると、緊張が和らいでいくことでしょう。

　数秘6は目のあたりをマッサージしたり温めることで、リラックスしやすくなります。大事なイベントの前や1日の終わりに自分を労うことで、より自然に、周囲に優しくできるはずです。

数秘
7

　数秘7が緊張してしまう時は「完璧にこなさなければ」という意識が強く働いている可能性があります。ただしそれは、会議やプレゼンなどの限られた時間が深くて濃いものになるようにという、同じ場を過ごす人への尊重の気持ちの表れでもあるでしょう。そのために、数秘7はその場に求められるテーマを細かく定義付けし、いろいろな角度からたくさんのことを考えます。

　とはいえ、相手の手間を取らせないように最低限の言葉で自分の意図が伝わるか、相手の言葉から本質は何を言いたいのか汲み取るなど、多角的に物事を考えすぎるうちに、数秘7はいっぱいいっぱいに。そこで、その場のテーマに必要ないもの、労力がかかるものは、合理的に省いていくよう意識してみましょう。また、にこやかに愛想をふりまく、相手を持ち上げる言葉を考えるなども、極力しなくて大丈夫です。

自然体でいられないと
緊張する数秘

9 & 11 & 33

　このグループは、「うまくやろうとする」ということにとらわれない数秘たちです。緊張する時は、「自分に合わない無理をしているよ」というサインです。

数秘
9

　数秘9はあまり緊張しないように見られますが、人に注目されたり、期待や責任を感じると、途端に緊張してしまいます。その場に合わせて周りに馴染むように行動しようとする数秘9は、「自分はどういう人か」ということにこだわりを持たないため、自分を押し出すことが苦手。そのため、人に注目されたくないと感じます。

　また、数秘9は持ち前の理解力で、周りの人の考えることが何となく理解できてしまうので、期待の大きさや、失敗した時にどんな風に責められるかも感じ取ってしまいます。この性質も、人に注目されたくない、責任を負うのが怖いと思ってしまう原因のひとつでしょう。

　したがって、数秘9は極力人に注目をされずに済む方法を取ることがベスト。どうしても人前に出なければならない場合は、誰かを演じるつもりで臨むと乗り切ることができます。また、音楽演奏などの自己表現の場では、派手な演出よりもささやかな表現を意識すればOKです。

数秘
11

　数秘11が緊張している時は、現状に対して、「うまく立ち回らなければ」とコントロールしようとしていたり、理論や計算だけで行動しようとしている可能性が高いでしょう。頭の中が詰まっているような感覚に、焦りを覚えるかもしれません。

　実は、数秘11がもっとも力を発揮しやすい状態は、リラックスしている時。数秘11の直感は良い方向に導いてくれるので、

何となく浮かんだ「こうしよう」に従っていけば、大変なことがあっても、最終的には「これで良かったな」と感じることができるでしょう。

そのためには、頭の中に直感を受け取るためのスペースを作ること。何度か深呼吸をしてリラックスしてから、きれいな自然やお気に入りの場所、推しの写真を眺めるなどして、意識して心地良い感覚を取り戻してください。

数秘33が緊張する原因のひとつに、元来のユニークなセンスに反して「普通にしなければ」と気負ってしまうことが挙げられます。考えや決断がコロコロ変わってしまう、張り切ってやりすぎてしまうなどの規格外な行動に対して、周りの人に迷惑をかけてしまっていると負い目を感じた時、「普通にしなければ」と自分をコントロールしようとするのです。

しかし、このように自分を抑えようとするのは、メンタル面に大きな負担がかかります。一番大事な瞬間にテンションがさがってしまうなど、コントロールが利かなくなる可能性もあるため、おすすめできません。

数秘33は「ありのままの自分の姿でいることで、自分が楽しみながら周りの人にも喜んでもらいたい」ということを求めます。そのためにも、規格外な自分のままで、周りに喜んでもらえる場を選んでいくことがポイントです。"普通"ではなくても、自分も周りも楽しめることを、より意識していくと良いでしょう。

頑張り
すぎる

見るべき数秘

メイン **LP** サブ D S P B

アドバイス

家事や仕事、勉強、将来のため、
みんな毎日十分頑張っている！

頑張りが理解されない数秘や、
頑張るのが当たり前になっている数秘も

自分を労わって、
自分に合った適度な頑張りになるよう
調整しよう

数秘別解説

頑張りすぎる

自分を犠牲にして 頑張りがちな数秘

2 & 6 & 11

　このグループは、自分のことを二の次にして人のため
に頑張ってしまいがちな数秘たちです。自分の気持ちも
大切にする頑張り方に変えていくことで、自分も楽にな
り、周りの人ともより良い関係を築けます。

数秘2は、自分が好意的に思う人に、やり方や見た目、振る舞いやスケジュールを合わせようと頑張ります。共感性が高く、相手に寄り添ったサポートができることは数秘2の才能。しかし、その才能ゆえに、相手の行動に「これって本当に良いことなのかな……？」という疑問が湧いても気持ちを飲み込んで相手に合わせてしまったり、あるいは全ては自分が悪いと捉えてしまうなど、モヤモヤした気持ちを抑え込んでしまうことも。知らず知らずのうちにストレスが溜まって、疲れることも増えてしまうでしょう。

実は、頑張りすぎてモヤモヤした気持ちが湧いた時は「自分の気持ちをスルーしないで」というサイン。友だちに話を聞いてもらうのがベストですが、相手と都合が合わない時や話しづらい時は、日記を書いてみたり、気分に合った映画や動画を観たり、好きな曲を聴いて過ごすのもいいでしょう。また、明らかに「これはやりたくない」と感じていることには、勇気を出して「NO」を言うことで、楽になります。

数秘6は、相手を喜ばせたいという思いやりが強いタイプ。しかし、気遣いが過ぎると、頼まれごとを断れずにタスクがどんどん増えていく、「相手がどう思うか？」を先回りして考えすぎるがゆえに、人にうまく頼れず1人で頑張ってしまう、といったことが起こりがちです。

実は、数秘6には自分が頑張った分だけ相手が喜んでくれる

ことを、無意識に期待してしまうところがあります。そのため、いくら頑張っても相手が思ったほど喜んでいないように感じてさらに無理をしてしまう、といった悪循環を招くこともあるでしょう。

しかし、もともと無意識に周囲に気を配ることができる数秘6は、それほど無理に頑張らなくても大丈夫。なぜなら、自分ではまったく頑張っていないと感じることでも、周りの人を十分喜ばせているからです。仮に、相手に喜んでもらえない時は、あなたの頑張りが足りないのではなく「そもそも手助けを必要としていない人」だと考えましょう。

数秘
11

数秘11は、相手の要望が直感でわかります。そのため、直接頼まれていないことでも、求められていることを察すると、無意識のうちに相手のために全力で行動します。

しかし、数秘11は相手と「等価交換」「Win-Win（ウィンウィン）」の関係を求めるため、常に自分ばかりが頑張って与える状況下では疲れやすくなってしまいます。ですから、「返してくれるものが少ない」と感じる相手に対しては、直接頼まれていないことはやらないようにするだけで、かなり心地良い状態になることが増えるでしょう。

また、数秘11の察する力の高さは感受性の強さの表れでもあります。裏を返せば、常に周囲の人の感情の波にさらされているとも言えるため、意識的にリラックスすることが必要です。お気に入りのカフェや神社に行くと、気力が回復するのでおすすめです。

頑張りをやめられない数秘

8 & 22 & 33

　このグループは「つい当たり前に頑張ってしまう」数秘たちです。活力が高く、あまり頑張らないようにすると、逆にパワーが余ってしまって不調を感じることも。頑張らないのもしんどいため、メリハリをつけることが大切です。

数秘8

数秘8は、無意識に高いハードルを自らに課して、自分の限界を超えていくことを求めます。まるで筋トレのように、自分に厳しく負荷をかけることで、キャリアアップや収入アップを目指していくタイプです。

しかし、周囲からの評価や結果を重視するあまり「ハイレベルな結果を出さないと生きている意味がない」と自分を追い込むことも。その結果、何日も徹夜をするなど自分の身体を酷使したり、「自分がやった方が順調に進むから」と、人に頼れず、さらにタスクを増やしてしまう傾向があります。

「休む」という感覚を持ちづらい数秘8は、「効率良く結果を出すために、自分の身体にも時間やお金を投資する」と、考えてみることがおすすめ。睡眠時間や運動する時間を確保したり、食事をバランス良く食べることで、元気に頑張り続けることができます。また、1人で仕事を抱え込まず、周囲の仕事は本人に任せる練習をしていきましょう。そうすれば、相手の力が伸びます。彼らと後々力を合わせることで、より大きな結果につながるはずです。

数秘22

数秘22は、多種多様な人たちの平穏のために頑張ろうとします。たとえば、地域の子どもからお年寄りまで、仕事なら別の部署や立場・状況がまったく違う人たちの話を聞き、それぞれの平穏をつなぐ役割に回ることもあるでしょう。

数秘22は、全員に平等な対応を心がけます。ところがその結

果、必然的に行動量や調べ物、考えごとが増え、気がつけば自分が疲れてしまうことが多そうです。かといって、行動を制限すると「自分は無力だ」という気持ちにおそわれて、悶々としてしまいがち。

特に体調とメンタルが連動しやすい数秘22は、疲れを感じたらジャンクな食べ物を減らすなど、身体にやさしい食事を意識し、体調を整えることがおすすめ。また、基礎体力を持続させるストレッチやランニングなどを日常に取り入れることで、さらに疲れづらくなるでしょう。

数秘
33

数秘33は、周囲の人が笑顔になることを自分なりに考えて、常に全力500%、全身全霊で取り組み、過剰に頑張ってしまう傾向があります。これは、数秘33の辞書に「加減」という言葉がないため。一方で、できることとできないことの差が極端なので、自分が楽しく感じられないことは、どう頑張っても頑張りに見合わないクオリティに。そのうえ、大きなストレスにつながってしまうので、手をつけられなくても大丈夫です。

数秘33にとっては、自分も楽しむことが大切なポイント。頑張っている最中も「この仕事にはつい集中しちゃう」「頑張っている自分って面白い」など、意識的に自らの行動にフォーカスしてみましょう。あなたが楽しめば楽しむほど、周囲もあなたに影響されて笑顔になっていくはずです。逆に、あなたが楽しめないこと、頑張れないことは、それを喜んでできる人にお任せする。それが数秘33にとっても周囲にとっても、双方にベストな選択と言えるでしょう。

頑張りが理解されづらい数秘

1 & 5 & 7

　このグループは、頑張るポイントが他人と異なるため、自分ではかなり頑張っているつもりなのに、周りに頑張りを理解されづらいところがあります。「自分なりに頑張ればOK」と捉えましょう。

数秘1は、周囲と同じことを頑張っているつもりでも、なぜか周りと違う形になってしまうといった傾向があります。また、決断が早くシンプルな工程を好むため、複雑な作業は最後まで説明を聞けずにスタートさせてしまうことも。さらに集中力の高さゆえ、一度集中すると確認を挟みながら作業を進めることが難しいタイプです。そのため、注意されても立ち止まれず、せっかくの頑張りが理解されないこともあるかもしれません。

数秘1は独自の道を歩む性質を持つため、周囲と同じように頑張っても徒労に終わりがち。一方で、自分では普通だと思っていたことが、周囲には「斬新」だと受け取られることも多いので、どんどんアイデアを出したり、まだ誰もやったことのないことを頑張ると、周囲の反応も気にならなくなり、やりがいも生まれるでしょう。また、数秘1は頑張れる時と頑張れない時の波が激しいタイプ。頑張れない時は「次に頑張るための充電中」と、割り切って捉えてみてください。

数秘5はリスクに敏感なため、最悪な状況までシミュレーションし、情報収集をします。たとえば、締め切りや約束の時間よりもかなり早めに行動したり、よっぽどのことがないと起きないような事態にまで、念には念を入れて対策を講じることもあるでしょう。実は、これは数秘5がレアなトラブルを経験することが多いがゆえ。周囲の人は、そのような経験をするこ

とが少ないため、なかなか理解してもらいづらい傾向にあります。とはいえ、リスクに敏感なのは、持ち前の危機管理意識の高さと思考力の表れなので、頑張らないように抑えることも難しいでしょう。

　対策が空回りに終わると「無駄なことをしているのでは？」と思うかもしれませんが、集めた情報や講じた対策は、しっかりと経験値として蓄積されています。そもそも数秘5は、さまざまな経験や学び自体を求める性質があるので、結果として活用できなくても大丈夫なのです。

数秘7

　数秘7は、ストイックな完璧主義タイプの頑張り屋さん。ちょっとした違和感にも敏感で、徹底的に自分のイメージを実現しようとします。それが独特のセンスにもつながるのですが、ミリ単位とも言えるこだわりが周囲には理解されず、周囲との温度差を感じることも。そこで、あらかじめ周囲と数秘7の本気度には、かなりのギャップがあると捉えておくと、モヤっとすることも減るでしょう。

　ただし、常にストイックに生きる数秘7は、「そこそこで済ませようとするのであれば、やらない方がマシ」と考えるので、締め切りがあるものに関しては、期限とクオリティのギリギリの線を探すことがポイントになります。完璧に仕上がってからではなく、2割できたところで修正をかけながら進めていくことを意識すると、納得のいくものに近づくでしょう。また、集中すると寝食を忘れるタイプですが、倒れてしまっては本末転倒。効率をあげるため、どんな食事や睡眠を取ればいいかも研究してみましょう。

もっと休むくらいで
ちょうどいい数秘

3 & 4 & 9

　このグループは、「もっと頑張るにはどうしたら良い？」と考えてしまうものの、そう考えている時はすでに自分の限界まで頑張っている数秘たちです。リフレッシュの時間が人よりも多く必要になります。

数秘3

数秘3は、一見楽観的に見えるので、あまり頑張ってないと周囲から思われがちですが、実は、うっかりが多いことを自覚して、自分なりに頑張っています。常にみんなが楽しんでいるかどうか気を張り、周囲の顔色をよく見て、つらくても笑顔でいようと心がけています。厳しい規律や真剣な雰囲気が苦手なため、もしそのような環境に身を置いているとしたら、それだけですごく頑張っていると言えるでしょう。

また、数秘3は真剣に構えるよりも気楽な気持ちで臨む方が良い結果を出せるタイプなので、「頑張るなら、楽しい方向に！」を意識してみましょう。どうやったら楽しめるか"抜け道を探す感覚"で工夫してみてください。たとえば、休憩時間に好きな音楽を聴く、ゲームをするなど、なるべく間隔を空けずに、ご機嫌な気分になれるようにしていきましょう。

数秘4

数秘4は、何事もコツコツ積み重ねていくタイプです。それゆえに、自分のペースに対してコンプレックスを持ってしまい、「人の5倍やって1人前！」と思い、休みを削ってまで頑張ってしまうことも。しかし、数秘4にとって、実はマイペースこそが一番の近道。慣れると一気にスピードがあがることもあるので、初めは周りと同じペースでできなくても大丈夫だと覚えておいてください。

また、安定したルーティンを持っておくと、メンタルが安定して力を発揮しやすいので、睡眠はしっかり取る、なるべく食

事も同じ時間に摂るなど、自分なりの規則的なリズムで生活を送りましょう。加えて、時間に余裕がある方が手際が良くなるという性質があるため、自分のキャパシティを把握して、タスクは常に8割以上は入れず、突発的な状況でもフレキシブルに対応できるようにしておくと良いでしょう。

数秘9は、なぜか緊急性が高い、人手が足りないなど、忙しい仕事を手伝うことが多い傾向があります。または、癖の強い人たちに柔軟な対応を求められることも。それらをこなせるのは、数秘9が、常にみんなが何を考え、どういう気持ちなのかを仕草や表情、雰囲気から理解し、自分に求められているものを察して行動できるからです。しかし、自分で思うよりもたくさんの情報を処理しているため、1人になるとどっと疲れが出てしまうという人も多いでしょう。

　そこで、休みの日はしっかり寝て、疲れをリセットしてください。何も予定を入れない休日を作り、できればスマホの電源もオフにして、ゆったりと過ごしましょう。また、頑張りすぎを防ぐには、相手が依頼しにくい状態を作ってタスクを増やさないこと。断ることが苦手な数秘9は、頼まれそうな雰囲気を感じたらその場を離れる、シャッターを降ろして自分を隠すようなイメージで気配を消す、などもおすすめです。

飽きっぽい

見るべき数秘

メイン **LP** サブ **D** **S** **P** **B**

アドバイス

{ 日本ではひとつのことを
継続するのが美徳とされがちだけど… }

{ 飽きっぽいところは甘えでも
根性が足りないわけでもなく、
数秘の持つ本来の性質 }

{ **飽きっぽい性格をなくす**のではなく、
活かすヒントは？ }

数秘別解説

気が散りやすい数秘

3 & 33

　このグループは、感覚が変わりやすいこともあるため、気が散ってしまった結果、続ける気はあったのだけどいつの間にかやめてしまっていた……というタイプです。

数秘
3

数秘3が飽きっぽいのは、好奇心旺盛という強みの裏返し。いろいろなものに感動できる感受性の豊かさがあるので、周囲の人が気づかないようなところにも喜びや楽しみを見つけることができます。しかし、それゆえに楽しくないこと、不快感への耐性が弱めという一面も。物事を継続できない時は「真剣に」「厳しい雰囲気」で頑張ろうとしていないか、確認してみましょう。

これは、数秘3が"今、この瞬間楽しむ"ことを大切にするため。「どうすれば、楽しくできるかな？」という視点を持ち、取り組むと良いでしょう。たとえば、仕事に身が入らない時は、ペンやカードケースなど、仕事用の小物でテンションがあがるものをいくつか見繕うのもおすすめ。ちょっとした工夫で、楽しく継続できそうです。

数秘
33

数秘33は、数秘3と6の両方の性質を持っています。ゆえに、常に飽きっぽいわけではありませんが、数秘6のモードから3に切り替わり、突然飽きてしまうという場面も。

そんな時は一度立ち止まり、まずは「どうすれば、今楽しく取り組めるか？」と考えてみてください。その際、「自分が楽しむことによって周りも楽しめる」という視点を持っておきましょう。数秘33は、自分も周囲もどちらも楽しんでいる状態を望むためです。

飽きっぽい

物事を深く追求できない数秘

5

　数秘5はいろいろなことに興味を持つものの、対象について「大体わかった」と感じると、途端につまらなくなってしまい、飽きっぽいと思われてしまうこともあるかもしれません。

　しかし、数秘5は、これまでに得た情報や知識をアレンジしてその場を乗り切る「臨機応変さ」を発揮することで輝くタイプです。常に変化を求める性質を活かすには、知識や経験は「深さよりも広さ」を重視して大丈夫。新しい趣味に挑戦したり、あるいはルーティンワークでもやり方をどんどん改良するなど、できる範囲で変化を加えていってみてください。

飽きっぽい

物事を深く追求できない時の数秘

7

お悩み
10
飽きっぽい

　気になることはとことん追求する数秘7ですが、当の本人は、自分は飽きっぽいと思っていることも。なぜなら、あれこれやってみるものめり込めなかったり、急に興味がなくなることがあるからです。たとえば、興味の対象が上辺だけのものだったとわかった時や、「そうだったのか！」という一瞬の気づきやひらめきを経ると、途端に興味が薄れてしまう傾向があります。

　そんな時は、今は追求したいものがない状態だと捉えるか、そもそも「自分がとことんやりたいことは何だろう？」という問題自体を追求しているのだと、捉えてみましょう。

突然脱力する数秘

1 & 11

　このグループは、ハマっている間は集中して継続できるものの、なぜかふとした瞬間に飽きてしまい、続けられなくなってしまうことがあります。

数秘 1

数秘1が突然飽きてしまうのは、（もともと自分が興味を持っていたものに対して）みんなが興味を持った時。また、ひとつの興味へのサイクル自体も短い傾向にあります。

自分の直感を重視する性質のため、飽きてしまったら「そろそろ、違うことをするタイミングだ」というサイン。知らず知らずのうちに、その時の自分に必要なものへと、興味が移り変わっているのです。

「もう今の状態は違うかな〜」と感じたら、離れる準備を始めましょう。新しく「これをやろう！」という感覚が湧いてきた時にすぐに動けるようにするためです。手放すことが惜しい気がしても、自分に必要であればその時にまたやる気が湧いてきますので、自分の感覚に正直に。

数秘 11

数秘11は、なぜかふとした瞬間に飽きてしまい、続けられなくなってしまうことがあります。何となく嫌な感じがしたり、自分が懸けた想いに釣り合わないと感じると飽きるパターンが多いです。ただ、「何となくもうこれはいいかな」と感じて興味がなくなったり、いつの間にか触れなくなっていたことにしばらく経ってから気づく……ということも。

いつ飽きが来るかがわからないのが困りものですが、いずれにしても数秘11にとってそれは卒業のタイミング。無理に続けようとせず、スムーズに新しいものに取り掛かれるよう準備を始めましょう。

計画性が
ない・
段取り下手

見るべき数秘

メイン **LP** サブ D S P B

アドバイス

入念な準備や計画が
必ずしもベストでない数秘がある

そんな人が無理にきっちり計画すると、
性質に合わず動けなくなって裏目に…

計画はできるけど、
崩れてしまいがちな数秘も

数秘別解説

「なぜ今それを!?」と言われる数秘

1 & 3 & 33

　このグループの数秘たちは、「今この瞬間気になること」に集中しがち。また、個性的な発想を持つがゆえに、自分では段取りや計画したつもりなのに周りから「見当違い」と言われてしまうことがあります。

数秘1は集中力が高く、ピンと来たら猪突猛進。ひとつのことに、勢いよく全力を出したいタイプです。そのため、複数の作業を任されると、一気に片付けようとして頭が混乱し、気が重くなってしまいます。やることが増えるたび、別のことが抜け落ちてしまい、計画性がないと言われがちです。

逆に言えば、やることを「これ！」と決められてさえいれば、素早い行動ができます。そこで、作業を並行して行うのではなく、ピンと来ることや簡単に終わるものなどをまずはひとつだけ決め、順番に片付けていくと良いでしょう。やるべきタスクをこなしていくうちに、勢いづいて他のタスクもスムーズに進むはず。その際、簡単なことでも「よし、できた。自分はすごい！」と、自分を褒めてあげながら進めると効果的です。

数秘3は、「きちんとやらなくては！」と思っているものの、好奇心旺盛な性質から気が散って、結果的に目の前のことに集中するのが苦手なタイプ。そのため、やったつもりが忘れていたという、うっかりも起こりがちです。

対策としては、忘れてしまっても思い出せるように、やることを書いた付箋を見えるところに貼る、スマホのアラーム機能を使う、周囲に声かけをお願いするなど、あらかじめ二重三重の対策を講じ、期限やタスクを思い出せる工夫をすると良いでしょう。また、とりあえず必要のないものは一旦収納する、隠すなど、気が散る要素を減らす工夫もおすすめです。

　また、数秘3にとっては"その瞬間、自分が楽しい気分でいる"ことが一番良い状態。そこで、使う道具をカスタマイズしたり、好きな飲み物を用意するなどし、こまめに気分があがるようにしてみてください。きっちりやろうと力むと逆にミスが増えてしまうので、なるべく気楽な状態でいることを心がけましょう。

　数秘33は段取りや計画を立てるにあたって、周囲の人のことまで気を配り、みんなが楽しく無理をしなくて済むようにと、常に全力で考えます。とにかくたくさんのことを考えるため、気温や段取りの美しさなど、周りから見ると直接関係ないことまで気を回してしまいがち。アイデアや気遣いがぴったりハマれば良いのですが、個性的すぎると理解されなかったり、本人もどうしていいかわからなくなって、投げ出してしまうことも。

　理解されずつらいと感じる場合は、思い切って段取りや計画は信頼できる人に頼み、実行に全力を注ぐと良いでしょう。もし、自分でやらなければならない場合は、言われていないことは極力省く、体力的に無理のない範囲で自分の楽しいことを盛り込むといったポイントを意識して、計画を立ててみてください。

計画はできるのに
思い通り進まない数秘

4 & 6

　このグループは周囲からしっかりしていると言われ、計画性もあるのですが、実行に移す段階になるとイメージ通りに行くことが少ない数秘たちです。

　数秘4は旅のしおりのように、必要な目的地や時間がわかっ
ている状態であれば、計画を立てるのが得意なタイプ。しかし、
初見のことやゴールが決まっていないこと、自分が抱えられる
量以上の仕事は、何から手をつけて良いのか、優先順位がわか
らなくなってしまいがち。あるいは、細かいところが気になっ
ているうちに、時間オーバーしてしまうこともあるでしょう。

　そんな時は、ひとまずやるべきことと期限を全て書き出し、
優先順位を決めるところから始めてみてください。数秘4は、
やることが整理されているとスムーズに行動できます。また、
あらかじめ「ちょっとスローすぎるかも？」と感じるくらいの
ペースで段取りしておく方がスムーズにこなせます。

　数秘6は責任感が強く無駄を嫌うタイプなので、計画や段取
りをしっかりこなそうとします。しかし、先回りして気遣う性
質から、周囲の人が困っているのを見かけると、自分のタスク
そっちのけで助けてしまうため、気がつくと、肝心の自分の段
取りが崩れていることも。

　そんな時は、自分の抱えている状況を再確認することが大切
です。「自分が我慢すれば、頑張れば、助けられるかな？」と
いう気持ちがよぎったら、要注意のサイン。できるだけ余力が
ありそうな人に加勢を任せて、まずは自分が抱えているものを
しっかり終わらせることに注力しましょう。それこそが、今あ
なたが関わっている人たちを喜ばせることにつながるはずです。

相手次第の数秘

2 & 9 & 11

　このグループは、自分主導で動くことが苦手なため、相手によって行動が変わる数秘たち。段取り・計画がうまくできる場合とできない場合があります。

数秘2は人に合わせて自分の動きを決める性質を持つため、自分から計画することが苦手な傾向にあります。ただし、関わる相手の行動が把握でき、それに合わせた時間配分や相手の補助を意識した段取りであれば、うまくこなすことができるでしょう。そのため、あなたが好意的に思う人と一緒に取り組むことができればベスト。

自主的に考えなければならない場合は、「好意的な相手だったらどうするだろう?」とその人になりきってみることで計画が立てやすく、実行しやすくなるでしょう。

数秘9は理解力が高く周囲の空気を読んで合わせようとする性質を持つため、場によって行動が変わってしまう傾向があります。たとえば、きっちりした職場だったり、期限などに責任が伴う案件の場合は何とかこなしていくものの、「失敗しても何とかなるよ〜」といったユルい雰囲気の場では、積極的に物事に取り組みづらくなるでしょう。

環境によって、自分の考えや行動が変化してしまうのは、数秘9にとって自分でどうにかできるものではありません。計画通りにならず、ギリギリで「何とか終わった」となっても、十分OKです。とはいえ、ルーズになりがちなところは、対策できます。「この作業は○時になったら終わり」と細かく区切りをつけることで、スムーズに運べるようになるでしょう。

第2部 お悩み×数秘別 自分を好きになるメッセージ

　数秘11は直感に優れているため、ひらめきやイメージが湧くと、自然と段取りを組んでやっていけます。しかし、「しっかり考えて！」と言われた途端にできなくなったり、周囲から最善だと言われる段取りでも、自分自身がしっくりこない場合は、邪魔が入ったりうまくいかなかったりすることがあります。

　逆に、数秘11は自分の感覚さえしっくりくれば、計算上は不可能に見えるようなことでもなぜかタイミングが合ったり、必要なものが揃って達成できるという不思議な性質を持ちます。そこで、仮に周囲に倣って計画を立てたとしても、最終的にどう動くかは自分の感覚を信じて動いてみてください。もし、感覚的に違和感を覚える計画や段取りがあれば、早めに変更する方が良いでしょう。

計画が得意だけど 条件次第では…な数秘

5 & 7 & 8 & 22

　このグループは段取りや計画をしっかりやっていける
タイプですが、条件次第では極端にできなくなることも
ある数秘たちです。

数秘5は段取り上手です。いろいろなリスクを考えて計画しますが、臨機応変に対応する力があるがゆえに、スリルを味わおうとする性質も持っています。そのため、トラブルに巻き込まれてしまうことも多く、自分では段取り下手だと感じていることも。

しかし、トラブルが起こっても、瞬時に持ち前の要領の良さで、段取りの組み直しを行います。嵐のような状況をこなしていく力は、全ての数秘の中で、ズバ抜けているといっても過言ではありません。ただし、マニュアルを気にしすぎるとうまく立ち回れなくなるので、自由な発想を大切にしながら動くことを意識しましょう。

数秘7は合理的な性質から、緻密で無駄のない計画を組んでいきます。ただし、それは「何のためにやるのか」がはっきりしていて、かつ自分が納得できている場合。そのため、計画が立てられない、段取りが組めない場合は、数秘7の考えとして、何かしら納得できない部分があると言えるでしょう。

そんな時は、まず「この仕事をこなすことでスキルがあがる」「作業を徹底的に効率化する」など、自分なりに納得できる理由を探してみてください。また、完璧な計画を立てようとして、なかなか納得できない場合は、途中まで見通しが立った段階で、実行しながら修正をかけていくのがおすすめ。具体的には、自分の中で2割程度できたと思ったら、動き出して構いませ

ん。なぜなら、数秘7にとっての「2割」は、他の人の「8割〜9割」に当たるからです。

　数秘8は向上心が強く、最大の結果を出す目標を立て、そこに何が必要かを計画し、実行していくことに長けています。しかし、前例がないことに関しては、組み立てが苦手。「確実に成果を得られる！」とわかっていれば、タイトなスケジュールやハードな状況でも計画していけるのですが、確実でないことに対しては慎重になってしまう性質があるのです。

　また、数秘8は周囲に貢献できたかどうかを、数字や評価など、具体的でわかりやすい基準で測ろうとします。そこで、まずは最優先することを把握し、「Ａ評価を取る」「契約を〇件取る」など、目標を作りましょう。どう目標を立てていいかもわからない場合は、ときに詳しい人に聞いたり紹介してもらうといった、頼る勇気も必要です。

　数秘22は、一度「こうしていくべき！」というイメージが見えると、アイデアがどんどん浮かび、必要な人材や材料もテンポ良く集まって、計画を段取りよく進めていくことができます。そんな数秘22が何をすべきかが見えず、どう計画を立てていいかがわからないという場合は、やりたいことが抽象的、かつ大きすぎるのかもしれません。もともと自分の仕事やプライベートの計画は難なくこなせるはずなので、もっと大きな規模で地域や困っている人に貢献したいなど、壮大な理想を抱い

ている可能性もあるでしょう。

　自分が行動すべきことが見つからない場合は、できることをやれば十分。自分が共感できる活動や団体の募金やクラウドファンディングなどの活動を応援したり、地域の活動に参加するだけでも、無力感は小さくなっていくでしょう。

計画性がない・段取り下手

結婚に 向いてない かも…？

見るべき数秘

メイン	LP	サブ	D	S	P	B

もともと結婚や恋愛が
さほど重要ではない数秘がいる

そんな数秘の人は、
無理に結婚しても
うまくいかないかも…

数秘ごとの理想的なパートナーや
結婚生活の形は？

数秘別解説

結婚に向いてないかも…？

自分のペースが
優先になってしまう数秘

1 & 3 & 5

　このグループの数秘たちは、自分の興味の有無で、行動
できる・できないがはっきり分かれるため、家庭のために大
きく時間を割いたり、サポートをすることが難しいタイプ。
自分を優先する時間づくりやコミュニケーションの方法
を増やすことで結婚に前向きな気持ちになれるでしょう。

　数秘1はひとつのことに対する集中力が非常に高いのですが、集中していること以外は頭の中から抜けがちです。「これをやる！」と決めたことが常に気になってしまうため、それ以外のことが手につかなくなってしまうことも。相手を大事にしたい気持ちがあっても、結果的に家事やパートナーのことが後回しになってしまうことがあるかもしれません。

　したがって、数秘1は自分のことに集中できる時間を優先して取るようにしましょう。片付けや家事の手間を極力シンプルにするなどして、なるべく自分時間を作ってみてください。

　また、数秘1にとって、自分自身で決めたことを実行していくことが大切なので、パートナーに自分の意見を伝えられる関係性の維持が、何よりも大切になります。仮に、相手の意見を選択することになったとしても、「今回は、"自分が"相手の意見を取り入れようと思った」など、自分で決めた感覚を持つことで、心地良い関係を続けていくことができるでしょう。

　数秘3は「この人と一緒にいると楽しい！」と感じると、ノリで結婚に踏み切ることもあります。しかし、自由な感性を持つため「結婚とはこういうもの」「こんな風に振る舞うべき」といった固定概念にとらわれると、つらくなってしまうタイプです。また、ストレスに敏感で、今この瞬間の楽しさを最優先する性質を持つため、楽しくない雰囲気が続くと家庭の外に目が向いてしまったり、趣味などに没頭してしまう可能性も。

　きちんとしたルールを作ると窮屈に感じてしまう数秘3は、あえて「ずっと一緒にいようね」と決めるのではなく、「合わなくなったら別れよう」くらいのライトな感覚でいる方が、結果的に長続きしやすいかもしれません。常に「今、楽しい」という感覚でいられるよう、インテリアやファッション、食などのライフスタイルも工夫してみてください。

　数秘5は常に変化を求め、自由でいたいと考えます。そのため、休みの日にずっと家にいたり、常に同じパターンで過ごすことは難しいかもしれません。また、興味のある・なしによって行動が大きく左右されるタイプなので、自分の予定が興味のない用事で埋め尽くされてしまうと、ストレスを抱えやすいでしょう。一方で、危機管理意識が高く、家族との衝突や周囲の人の目を気にする自分と、自由に過ごしたい自分との間で、板挟みになることも。

　数秘5にとって心地良い結婚生活を送るためには、新しい知識や経験を得る時間を作ることがとても大切です。時間を気にせず自由に外出することは、パワー充電の行動のひとつ。結婚後もできるだけ、堂々と自由にできる環境を整えてみてください。あなたの自由さを魅力だと感じてくれるパートナーを選ぶことで、結婚後のあなたが、より魅力的に輝くことでしょう。

一般的な「結婚」像に
とらわれない数秘

7 & 33

このグループは、本質で生きようとする性質を持つ数秘たち。一緒にいようと思えばいるし、そうでないなら一緒にいる必要はないと考え、世の中の「結婚とは、家族とはこうあるべき！」という価値観にとらわれません。

数秘7が結婚に駒を進めるには、自分なりの「何のために結婚するのか」「家族とは何か」という定義が必要です。なぜなら、自分が納得できないことは、世の中の慣習であったとしても受け入れられない性質だから。そのため、結婚する意義が見出せないのであれば、無理に結婚しようとする必要はありません。また、誰かと長時間過ごすことが苦手で、パートナーと一緒に暮らすイメージを持てない人がいるかもしれません。

一方で、1人でいるのは苦ではないとはいえ、孤独は寂しい。そんな気持ちから、「自分を抑えてもパートナーを作った方がいいのではないか」と、考えることもあるでしょう。しかし、数秘7が自分に嘘をつく生き方は、長続きしません。真剣に向き合ってくれる相手と、必要であれば籍を入れるのがいいでしょう。

数秘33はそれぞれの人の「ありのまま」の価値観を大切にしています。自分自身においても、「本心に添っているかどうか」が大切なので、そのために、ときには選択が常識から外れていると捉えられて戸惑うことも。それは恋愛においても同じで、相手が喜ぶのであれば籍を入れますが、数秘33自身は、あまり「結婚」に重点を置いていないことも多いのです。

数秘33が心地良い結婚生活を送るには、「周りはこうしている」という形にこだわらないこと。一般的な常識に合わせるのではなく、自分と相手の本心を見つめて、お互いが笑顔でいられる付き合い方を探りましょう。

結婚に向いてないかも…?

仕事に集中したい数秒

8 & 22

　このグループは、家庭を持つことよりも社会に貢献した
いという気持ちが強いため、結婚の優先順位が低くなり
がちな数秘たち。また、発言に力を持つタイプなので、
相手があなたに対して言いたいことを飲み込んでしまわな
い環境づくりが、結婚生活を円滑に進めるポイントです。

数秘8は自分の持つ考えや遺伝子を引き継ぎたいという気持ちが強いことから、結婚に意欲的な人も多くいます。しかし、仕事に全力投球している状況だと、結婚に意識を向けられるほどの余裕がないことも。あるいは、全てを完璧にこなさなければと考えてしまう性質から、家事に手が回らない状況では「自分は結婚する資格がない」と、結婚を前向きに考えられないケースもあるでしょう。

数秘8はモノやお金、評価が十分にあるという状態も大切ですが、たとえば人との深い絆のように目に見えないものも充実させることで、より活力が高まり、仕事でもうまくいくことが増えていきます。

そこで、もし「結婚したい」という気持ちがあるならば、仕事も家庭も両方うまく回るように環境を整えていきましょう。その際、自分の苦手分野を把握して、全てを1人でこなさないように。時短家電や家事外注は、可能な限りどんどん取り入れてみましょう。

数秘22は「人類みんな平等」の精神が強いため、常にたくさんの人のことを同時に考えており、結婚していてもしていなくても、特定の人だけを特別扱いはしないタイプです。なかには「この人と結婚する!」と直感で結婚し、パートナーが社会で活躍していけるように家庭を支える人もいますが、基本的には自分のペースで行動します。また、天才肌ゆえに大体のこと

をハイレベルにこなせるため、結婚を必要ないと感じる人も。

　数秘22が物事を選択するには、直感とデータの両方を必要とします。つまり、「この人と一緒にいると心地良い」と感じても、それだけで結婚に踏み切れないのは当然とも言えるでしょう。

　一方で、合理的な理由から婚姻を選択することもありますが、うまく話が進まない時は要注意。それは、長い目で捉えるとあなたの人生と合わない人である可能性が高いか、今は一緒に過ごすタイミングではないというサインかもしれません。

今回のテーマで外した数秘たちについて

　結婚に比較的抵抗が少ない数秘については、詳しい解説は省きましたが、少しここで補足させていただきます。

　数秘2・6・9・11は気を遣いすぎて人と距離を詰めるのがしんどく感じてしまい、結婚に前向きになれないパターンもあります。

　数秘11は1を含むため、「1モードになった時」としてご参考いただくことも可能です。

　数秘4は8・22に近いのですが、「クラシックな考え」がキーワードのひとつにあり、「家族を作る、家庭を持つ」ことが生物として必要……というニュアンスがあるため、（好きか嫌いかは置いておいて）今回は外させていただきました。

起業・
副業する
なら…?

※ここでは第1部よりもう1歩踏み込んで、数秘ごとに何のために
　働くのか、自分らしさを活用して仕事をしていく上で活躍しやす
　い方向、しなくていいことをご紹介します。

見るべき数秘

. . . .

メイン　LP　D　S

※LPはやろうとする方向、Dはできること、Sはやりがいポイント
　を示すので、できれば3つとも押さえられるとベストです。

アドバイス

起業やフリーランス・
独立して働きたい人、
副業したい人へ

「より自分にフィットする
環境で生きるため」の仕事

自分では
普通だと思っている能力に
価値がある

数秘別解説

第2部　お悩み×数秘別　自分を好きになるメッセージ

起業・副業するなら…？

サポート気質の数秘

2 & 4 & 6 & 9

　このグループは、周りとのバランスを見ながら行動するタイプの数秘たち。誰かのサポートに回ったり、チームの一員として活動することが合っています。仲介が得意な人の力を借りたり、クライアントに口コミをお願いして、知る人ぞ知る存在を目指すのもおすすめです。

　数秘2が働く原動力となるのは「好意」や「つながりたい想い」。つまり、自分が好意的な人やモノとつながり、必要とされるために働きたいと考えます。相手の言動によって自分がどうするかを考え始める性質なので、自分1人で決断することが多いスタイルでの起業・副業は、しんどく感じることが多いかもしれません。しかし、誰かと一緒に行動する環境や、コミュニティに入ることで仕事がしやすくなります。

　相手をよく見て必要なものをタイミングよくサポートしたり、相手の言いたいことや「良いな」と思うことを第三者に伝えるといった、仲介的な役割などで活躍しやすいでしょう。

　数秘4が働く原動力は「安心・安全のため」。長く続けられるルーティンを大切にし、安定して回るようなシステムを作ったり、危険を見つけたり。また、汎用性が高く使い回しの効くものを作る仕事などで、活躍しやすいでしょう。

　ただし、毎日の生活がしっかり整っていることが前提なので、収入が安定しない状況では焦りが出てしまい、寝食を削って著しく能率や品質が落ちるなど、頑張りが裏目に出ることも。そのため、個人の仕事1本に絞るのは、収入が安定してからがおすすめです。慎重派で、大きな変化が苦手なため、新しいものにすぐに飛びつくのではなく、メリット・デメリットをしっかり把握した上で、できることから少しずつ取り入れていきましょう。

数秘6は、「異なるもののバランスを調整して丸く収めること」「人を喜ばせること」を原動力にして働きます。相手が何をすれば嬉しいのか、悲しいのかといった感情面を含めてどうしたらいいかを考えられるため、人間関係の調整や、話を聞いて気持ちを癒やすフォロー役が得意。また、美しくバランスを整える性質を持っているので、身体にまつわることや、インテリア・アパレル方面などでも活躍しやすいでしょう。

人のことばかりで、ついつい自分を犠牲にしがちですが、本来は、自分を含めたみんなが喜んでいる状態こそが数秘6の理想。仕事とプライベート、さらに自分のメンテナンスのための時間が、結果として良いバランスとなる働き方がベストです。

数秘9は「ごはんが食べられてゆっくり寝られる」という、生きる上で最低限のことが保証されていれば十分幸せだと感じます。その場にいるだけで仕事の場を和やかにさせる数秘9なので、がむしゃらに頑張ったり、必要以上に仕事へのやる気が湧かなくても問題はありません。周りの人のために「自分にしかできないこと」があれば、力になろうとするでしょう。

また、俯瞰した視点で、相手が根本的に求めていることを、必要な人に教えてあげて、導くような仕事に就くことも。まずは「これをやってほしい！」と声をかけてもらえる仕組みづくりを目指しましょう。何より、ゆとりある生活をキープできる範囲内で、仕事を請けることがおすすめです。

個性や人柄で魅了する数秒

3 & 5 & 33

　このグループが起業・副業を考える時は、仕事も個性や人柄の表現のひとつと捉え、お客様や仕事相手に「あの人がやっているなら面白そうだから頼んでみよう」という信頼関係を築いていくことが大切です。信頼関係があることで、応援してもらいやすくなります。

　数秘3が働く原動力は、自分が「今、この瞬間を楽しむため」。いるだけで周りを楽しく、明るい気持ちにさせられるのが、最大の強みです。失敗や悲しいことでさえ明るく表現し、一生懸命に取り組む姿は、周りの人たちに応援したいと感じさせます。明るい笑顔を求められる職場や、創作などの表現、自分の言動で周囲をくすっと笑わせるような仕事で活躍しやすいでしょう。

　ただし、「こうしなければならない」という枠を破ってしまう自由さもあるので、怒られない場所や仕事相手を選択する必要があります。また、詰めが甘くなりがちな面があるため、きっちりしないといけない場面では、誰かにサポートをお願いするのもおすすめです。

　数秘5は「さまざまなことを体験し、挑戦すること」が、働く原動力となります。自分が経験したことを、周りの人がわかりやすく楽しめるような文章や講座でシェアしたり、興味を持った事業やサービスに挑戦したり、イベントを主催してみたり。活動が多岐にわたり同時進行することも多いため、仕事や肩書きをひとつに決められない人も多いでしょう。

　仕事で得た収入は、今やっている仕事の改良や、新しい体験を得るために使っていくのがおすすめ。なぜなら経験や知識こそが、数秘5にとって一番の価値ある資産となるからです。

数秘
33

数秘33が働く原動力は「自分も周りも本来の自分を生きるため」。「本音で生きることが素晴らしい」と考える性質から、たとえまとまりがなくても、ありのままの姿を見せた方が周りに愛され、楽しませることができるでしょう。また、直感で相手の隠れた本音に気づき、それを指摘できる性質を持つので、迷っている人たちに「そのままでいいんだよ」と伝える、カウンセラーのような仕事にも向いているかもしれません。

　どんなことでも、自分が楽しいと感じられることであれば、周りを笑顔にするため全力で頑張り、周りが「そこまでやるの？」と驚くほど。また、苦手なことを他人に任せるまでの判断が早いため「甘えている」と思われることもありますが、これは数秘33なりの仕事術。できないことはとことんできないので、かえって周りに迷惑をかけるという判断であり、それぞれが得意な分野で支え合うことが、もっとも無駄がなくベストな状態である、というスマートな対応なのです。

直感で進む数秘

1 & 11 & 22

　このグループは直感で進む方向が決まる数秘たち。直観が働かず、目指す方向がぼんやりしている時は、これから世の中に生まれることや方法を見据えているがゆえ。転職や副業においても直感を信じて進めば、行動の理由や理論が、後からついてくることも多いメンバーです。

数秘1は「自分の決めたオンリーワンの方向に進む」ことが、働く原動力となります。ゼロから新しいことを始めるだけでなく、自分は普通だと感じていることや「なぜ、みんなやらないんだろう？」と感じていることに、周りの人が気づいていない斬新な視点が含まれています。その、ちょっとした隙間のような視点こそが、仕事で活躍するためのヒントになるはず。

また、自分だけの道を切り拓いていくパイオニア的な性質を持つので、セオリー通りにやれなくても大丈夫です。「自分はこう思う！」と言い切ることで、共感する人たちが集まってきたり、フォローをしてくれるでしょう。

数秘11の働く原動力は、「直感に任せて自然体で生きるため」もしくは「志が同じ人たちとお互いの人間性を伸ばし合うため」。直感で「何となくこれをやる気がする」と思ったことを、実際に実行に移して活躍していきます。

その内容は、これからブームが来るジャンルの仕事、相手にとってその時必要なことをアドバイスする仕事、頭の中に降りてきたものの創作など、人によって方向はさまざま。また、志に共感してくれる人たちとつながることで、大きなムーブメントを起こすこともあります。

もし、自分の仕事にお金を支払ってもらうことに抵抗がある場合は、自分の理想を実現し、継続するための資金を応援してもらい、自分でできることで返していくといった、クラウド

ファンディングのような感覚で臨むと、抵抗感がなくなっていくでしょう。

数秘22は「全ての人が永く平穏に過ごせること」が、働く原動力となります。たとえば、「社会的なシステムから何とかするべきなのでは？」と懸念していたような問題について、自分にできることがないか調べていたところ、手助けできる場所や人材、お金が偶然揃うといった、奇跡的なタイミングがある日訪れ、「自分がやるしかない」状況で起業・副業を始めることになるかもしれません。あるいは、日々想うことを発信しているうちに、いつの間にか共感してくれる人が増えて仕事になり、活躍するといったケースもありそうです。

控えめな性質のため、自分が率先してたくさんの人のために動くことに不安を感じるかもしれませんが、「きっとうまくいく」という確信が心のどこかにあるならば、自分の直感を信じてOK。自分がいなくてもやっていけるような組織づくりを考えることができるので、いつまでも自分が全てを管理していく必要はないと意識しておくと、リラックスして仕事に臨めるでしょう。

本気の人と仕事をする数秘

7 & 8

　このグループはストイックで自分に厳しい数秘たち。それぞれに合う方向性を意識することで、充実して働けるようになったり、より良い成果を出しやすくなるでしょう。

数秘7の働く原動力は「本質に触れるため」。本質に触れるには妥協なく、無駄なものを削ぎ落としてシンプルにしていく必要があるため、結果的に合理的な仕事となり、スキルも磨かれてプロフェッショナルに近づいていきます。お金や権威への執着はありませんが、探求の結果としてわかりやすい目安となるので、成果を評価される人も多いはずです。

また、流行を取り入れる必要はなく、自分の意見やセンスをとことん貫きましょう。そして、やる時は常に本気でストイックに取り組むタイプなので、生半可な気持ちの人と仕事をしても、結果としてお互いのためになりません。仕事で関わる人やお客様などは、思い切って自分から選ぶスタイルがおすすめです。

数秘8は「自分も周りも十分に満たされ、より成長していくため」に働きたいと考え、自分や大事な人たちの暮らしや収入をランクアップさせるために頑張ります。物事や人の才能から価値を見出す力があるので、会社を興したり、プロデュース的な仕事で活躍できるでしょう。また、大事な人には仕事のノウハウも含めて惜しみなく分け与えることで、よりたくさんの人の生活や収入を充実させることができます。

ただし、たくさん持とうとするものが収入や権威など、目に見えるものにかたよってしまうと、どこか物足りない気持ちに。心の余裕や大事な人と肚（はら）を割って話す時間なども、数秘8にとって大切な、充実感を感じるポイントとなるでしょう。

参考文献

➤『生きづらさ革命 あなたはなぜ葛藤するのか?
その答えを導く潜在数秘術の入門書』 一般社団法人 潜在数秘術®協会(著)

➤『数秘術 数のパワーが運命を変える!』 やましたやすこ(著)、説話社

➤『自分発見!占い数秘学』 やましたやすこ(著)、立風書房

➤『数秘術の世界 Modern Numerology Lesson
あなたの人生を導く『数』の神秘』 伊泉龍一／早田みず紀(著)、駒草出版

➤『基礎からわかる 数秘術の完全独習』 水谷奏音(著)、日本文芸社

➤『改訂新版「魂の目的」ソウルナビゲーション』
ダン・ミルマン(著)、東川恭子(訳)、徳間書店

➤『正統ピタゴラス数秘占術』 渡辺だりあ／神谷充彦(著)、Gakken

➤『わたしを自由にする数秘』
マンガラ・ビルソン(著)、伊藤アジータ(訳)、市民出版社

➤『おしごと数秘術』 小池安雲(著)、コレクションインターナショナル

➤『100年数秘の本 誕生日でわかる運命・相性・自分自身』
DASO(著)、日本ヴォーグ社

➤『ハリウッド式 数秘占い』
グリニス・マッキャント(著)、小西敦子(訳)、竹書房

➤『ゼロからマスターする数秘術 誕生日から読み解く、あなたの人生』
はづき虹映(著)、河出書房新社

➤『「カバラ」占いの書』 浅野八郎(著)、説話社

➤『ピタゴラスの大占術 「数命定理」で自分の未来が計算できる』
浅野八郎(著)、祥伝社

➤『増補版 自分を知る本 橙花の数秘占い』 橙花(著)、すみれ書房

➤『生年月日で導かれた12の花が起こす小さな奇跡 誕生花セラピー』
白岡三奈(著)、BABジャパン

➤『数秘術マスター・キット あなたの魂に刻まれた情報を読み解く』
キャロル・アドリエンヌ(著)、斎藤昌子(訳)、ナチュラルスピリット

➤『ディグリー占星術』 松村潔(著)、説話社

➤『数の原理で読むタロットカード』 松村潔(著)、星和書店

➤『「気がつきすぎて疲れる」が驚くほどなくなる 「繊細さん」の本』
武田友紀(著)、飛鳥新社

➤『躁鬱大学 気分の波で悩んでいるのは、あなただけではありません』
坂口恭平(著)、新潮社

おわりに

最後までお読みくださり、ありがとうございます。

さまざまな性格のお悩みについて、数秘術を使った解説と
解決策をご提案させていただきましたが、いかがでしたで
しょうか?
「自分はどうしてこんな状態になってしまうのか」が理解
できたり、「いろんな自分がいても良いんだ」とホッとし
たり、「自分はこのままでいいのか!」と思えて、気持ち
が少しでも楽になってもらえたら嬉しいです。

数秘術では、悩んでしまう行動や考えは、「無意識にやっ
てしまうこと」だと捉えています。
無意識なので、やりたくてやっているわけではないし、や
めたくてもやめられないのです。でも、これがしんどいと
感じる時は、自分の「本来の性質」に逆らって、無理に何
とかしようとしているから。

数秘たちは、お悩みの裏を返せば、長所があると教えてく
れています。

自分の性質を知り、活用どころを理解できると、なるべく
合わないことは避けられるようになります。もしも合わな
いことをやることになったとしても、「自分、めっちゃ頑
張ってるな!」と思えるようになります。
そうすると、自分を肯定できる瞬間が少しずつ増えてき
て、結果的に自分を好きになれたり、自分らしく生きるこ
とにつながっていきます。

落ち込んだ時や、「私ってこれでいいのかなあ?」と思う
時、心の薬箱としてこの本を開いて、ご自身の数秘たちの
声を聞いてもらえたら、少しずつ自分のことが好きになっ
ていけるでしょう。

最後に、編集の田中さん、志村さん。たくさんご尽力くだ
さりありがとうございました。
いつも SNS やブログなどを見てくださる皆様、鑑定にお
越しくださる皆様。皆様のおかげで数秘たちについてもっ
と知ることができています。
家族のみんな。いつも暖かく支えてくれてありがとう。こ
れからもどうかよろしくお願いします。

2024年4月　桝元つづり

桝元 つづり

マンガ数秘占いカウンセラー。「生きづらい」「自分がわからない」理由や「あの人何を考えてるの?」を生年月日と名前から読み解く現代数秘術を擬人化し、マンガで「そのままの自分との付き合い方」「そのままの自分での周りとの付き合い方」を広めている。著書に『マンガで読み解く数秘占い』(グラフィック社)がある。

WEBサイト 「マンガ数秘らぼ」https://tsuduri-illust.com/
Instagram @ninmari_tsuduri　　X (旧Twitter) @usogoto

装丁 … 渡邊民人(TYPEFACE) / 本文デザイン … 森岡菜々(TYPEFACE)
校正 … 麦秋新社
編集協力 … 国実マヤコ
編集 … 田中悠香、志村マリア(ワニブックス)

＊本書はWEBマガジン「WANI BOOKOUT」で2023年1月〜12月に連載された
『自分を好きになる数秘術キャラ占い』を大幅に加筆し、再構成したものです。

自分を好きになる
数秘術キャラ占い
特製お守りカード付き!

著者　桝元つづり

2024年4月24日　初版発行

発行者　　横内正昭
編集人　　青柳有紀
発行所　　株式会社ワニブックス
　　　　　〒150-8482　東京都渋谷区恵比寿4-4-9　えびす大黒ビル
　　　　　ワニブックスHP　http://www.wani.co.jp/
　　　　　(お問い合わせはメールで受け付けております。
　　　　　HPより「お問い合わせ」へお進みください。
　　　　　※内容によりましてはお答えできない場合がございます。)
印刷所　　株式会社美松堂
製本所　　ナショナル製本

1. HAJIME

3. MIMI

4. SHIRO

5. SOGO

6. MUTSUKO

7. SEVEN

8. YAZAEMON & MUGENIA

9. KU

11. ANGE & ICHIELL

22. NIJIKA & NIKI

33. PECORI & PIRAMI